SALOMÓN

(Con el Cantar de los Cantares)

MANUEL YÁÑEZ SOLANA

C/ Primavera, 35
Polígono Industrial El Malvar
28500 Arganda del Rey
MADRID-ESPAÑA
www.edimat.es

ISBN: 978-84-8403-854-2
Depósito legal: CO-403-2008

Colección: Grandes biografías
Título: Salomón
Autor: Manuel Yáñez Solana
Diseño de cubierta: Juan Manuel Domínguez
Impreso en: Taller de Libros, S.L.

IMPRESO EN ESPAÑA – *PRINTED IN SPAIN*

INTRODUCCIÓN

¿Cómo se encontraba Israel?

Israel había sido netamente un país de pastores compuesto por doce tribus, cuya unión primordial se hallaba en que adoraban a un mismo Dios, Yahvé, hablaban una misma lengua y poseían idéntico pasado. Sin embargo, la situación de cada una de ellas, dentro de un territorio tan variado en su clima, fertilidad de las tierras y disponibilidad o no de unos buenos regadíos, había alimentado grandes diferencias.

Un humilde jovencito lleno de audacia consiguió el milagro de la reunificación material y espiritual. Porque no sólo abatió con una honda al gigante Goliat, sino que demostró ser el jefe que su pueblo necesitaba. Sin apenas estudios, pero con una intuición genial para la guerra, la política y la administración pública, comprendió que debía crear una capital de su reino. De esta manera transformó Jerusalén de simple campamento de sus tropas en una ciudad regia, por eso a la que sería el eje central de los sueños nacionalistas de los israelitas, los de entonces y los futuros que vendrían hasta actualidad, fue llamada la Ciudad de David.

Nada de esto se hubiera podido conseguir sin mantener en paz todas las fronteras. El rey David supo obtener un buen provecho de la debilidad de Egipto y de Tiro, al mismo tiempo que firmaba un ventajoso acuerdo con Damasco y con otros países. Toda una proeza que costó vidas, mantener unas guerras menores casi permanentes y pagar a un ejército de soldados y funcionarios. La recompensa fue que el pueblo creyó en su poderío: era capaz de mantener sus posesiones, conseguir otras más y no perder el ritmo de una prosperidad en aumento. Un sueño que se hizo realidad gracias al rey David, al monarca-poeta que gozaba de la bendición de Yahvé, aunque nunca le perdonase "del todo" por haberse manchado las manos de sangre.

Salomón el "Iniciado"

Sirviéndonos de una imagen alegórica, podemos afirmar que el rey David construyó el barco, para que su hijo Salomón pusiera las velas, comprobase la firmeza de las estructuras, ocupase el puesto de timonel y, al final, lo echara al mar. Para navegar con el mejor rumbo a lo largo de cuarenta años radiantes, mejor calificarlos de deslumbrantes: Israel se convirtió en el centro del mundo, porque en su trono se encontraba el Rey Sabio, dueño de unos conocimientos que abarcaban todas las asignaturas materiales y espirituales.

Gracias a su ciencia prodigiosa amasó riquezas incalculables y le rindieron pleitesía poderosos monarcas. Esto sirvió para que su pueblo se convenciera de que era un Imperio, de que a su condición de "elegido de Yahvé" debía responder siendo fiel a sus tradiciones, a su religión y su cultura, hasta el punto de no abandonarlas aunque se enfrentara a las mayores tragedias.

Claro que estamos hablando de unos seres humanos, no de dioses. Todos sabemos, desde el griego Homero, que "hay un talón vulnerable para cada héroe". ¿Cuál fue el de Salomón? ¿Cómo es posible que un hombre que se vio dotado, por el mismo Yahvé, de la mayor sabiduría "que se ha conocido y se conocerá", no supiera evitar sus grandes errores?

Antes de que llegasen éstos, debió superar una serie de conflictos trágicos, luego tomaría unas decisiones sangrientas y, al final, viviría rodeado de la gloria y del placer. Casi como un rey Midas sin castigo: todo lo que tocaba lo convertía en oro y, además, podía servirse del mismo en su provecho y en el de su pueblo.

La biografía de Salomón es una emocionante aventura, una tragedia humana, que ofrece todos los ingredientes de una novela histórica.

I. DAVID, EL REY ADÚLTERO

Una tentación llamada Betsabé

El rey David se había quedado solo en sus aposentos. Pocas veces contaba con esta oportunidad, debido a que siempre se hallaba cerca un servidor o alguna de sus esposas. Se diría que el destino estaba jugando sus bazas, ¿o tendríamos que referirnos a que la adormecida sensualidad del mítico vencedor del coloso Goliat había intuido la ocasión que se iba a presentar aquella noche?

Hacía calor y el frescor del jardín resultaba toda una tentación. Caminaba por el terrado del palacio. Se apoyó en uno de los laterales de piedra, queriendo mirar al jardín, y lo que fue a contemplar no lo halló entre los árboles frutales, ¡porque era la más excelsa representación de la hermosura femenina!

Al otro lado del jardín, en una de las habitaciones reservadas a los personajes más importantes de palacio, se encontraba bañándose una criatura maravillosa. Podría haber sido considerada un ángel de no poseer unas redondeces tan voluptuosas, especialmente en los pechos y en las caderas, y una piel deliciosamente morena, que a la luz de una lámpara de aceite brillaba con unas tonalidades propias de lo subyugante. Se hallaba materialmente desnuda, y se estaba pasando una esponja humedecida por el bajo vientre, muy cerca de un montículo púbico no demasiado abundante. Propio de quien acaba de superar la adolescencia a la manera de la crisálida que ha terminado por convertirse en la más espléndida mariposa.

Con ser mucha la hermosura de aquella mujer, la ingenuidad de sus actos, unido al hecho de creerse sola, le conferían el aspecto de una visión arrebatadora. Toda una tentación que el monarca de Israel, el antiguo pastor poeta, fue incapaz de resistir. Jamás había dedicado tanta atención a una desconocida, por este motivo se notaba enervado. Sudaba cuando se dio la vuelta, con la imagen de la beldad retenida en su mente, hiriéndole de ansiedad. Le costó abandonar el terrado y recorrer los veintiocho pasos que le separaban de la mesita donde estaba la campanilla. La hizo sonar con cierta ansiedad y, al momento, se encontró frente a uno de sus esclavos, al que le ordenó que despertara a Sonafab.

Éste era uno de su servidores mas íntimos, acaso en el que más confiaba porque había demostrado en una ocasión que le importaba más la vida de su rey que la suya propia. Fue aquella mañana, de eso no hacía más de un mes, que se interpuso en la trayectoria de una lanza traidora que iba buscando el mortal encuentro con la espalda del rey David. A él sólo le supuso una herida en el hombro, de la que ya estaba restablecido.

Una coartada para el adulterio

—¿Qué deseáis, mi señor? —preguntó el fiel servidor, cuyo empleo podía ser considerado similar al de chambelán.

—Confío que tengas los ojos bien abiertos, la mente despejada y la lengua presta a responder a mis preguntas —exigió el rey, a la vez que se frotaba las manos impaciente—. ¿Conoces a todas las personas que se encuentran actualmente en palacio?

—Sumamos más de doscientas, sin contar los soldados de alto rango y los esclavos, pues con éstos llegaríamos a los cuatrocientos cincuenta. Pero puedo daros el nombre o el apodo de todas ellas, unido a un breve comentario.

—Veo que andas más despierto que yo —musitó quien se notaba deslumbrado—. Pero sólo deseo que me hables de la mujer que ocupa la estancia correspondiente a la cuarta ventana de la planta baja, al otro lado del jardín, justo donde crecen los naranjales.

—Debéis referiros a la nieta de Ajitofel —dijo Sonafab—. Se llama Betsabé y es la mujer más bella de Jerusalén. Vive en la parte norte de la ciudad. Sólo está aquí de visita. Creo que se marcha dentro de tres días.

—¿Cómo nadie me ha hablado de ella? —se lamentó David, al considerar que su rango le concedía el derecho a conocer todos los tesoros de su reino, especialmente los humanos—. Quiero que me la traigas ahora mismo. ¡La necesito!

Lo que fue a contemplar no lo halló entre los árboles frutales, ¡porque era la más excelsa representación de la hermosura femenina!

La última exclamación de David resultó apremiante, nacida de una pasión exacerbada, de un amor que ya era un volcán a punto de erupcionar.

—¡Pero, mi señor, Betsabé es una mujer casada!

—¿¡Qué estás diciendo, maldito!? —vociferó su queja el soberano, al mismo tiempo que clavaba sus diez dedos en los brazos del joven y fornido servidor.

—¡Cómo me hubiera gustado no ser yo quien os diera esa información, mi señor... Porque me estáis haciendo daño...!

—Lo siento... —se disculpó quien pocas veces se mostraba blando ante un hombre. No obstante, en seguida se dejó arrastrar por la pasión al formular una serie de preguntas, cuyas respuestas confiaba que le brindasen la coartada imprescindible—. ¿Quién es su marido? ¿Se casó por amor? ¿Se la conoce algún amante?

—Está casada con Urías, un jeteo que es oficial de la guardia real. Ahora mismo forma parte de vuestro ejército en el asedio de Raba. No creo que se casara por amor, debido a que su matrimonio fue una especie de pago a los servicios recibidos por Ajitofel, ya que Urías llegó a ser uno de sus espías. En lo que se refiere a si ha tenido amantes, os diré, mi señor, que hace sólo seis meses Betsabé era una chiquilla con pocos atractivos...

—¡Entonces he de considerar que su transformación en mujer ha sido prodigiosa, como si se hubiera producido para que yo fuese el primero en contemplarla! —exclamó el rey David, girando la cabeza hacia la ventana—. ¡Quiero que me la traigas ahora mismo, Sonafab! Cuéntale lo que se te ocurra, ¡pero la deseo tener aquí lo antes posible!

—Seréis complacido, mi señor.

La entrega virginal de una mujer casada

El excelso soberano de Israel, la máxima jerarquía del pueblo elegido por Yahvé, se encontraba tan inquieto como un novio primerizo que aguarda anhelante su estreno amoroso. Llevaba mucho tiempo entregado a la política, a la guerra y a defenderse de toda clase de intrigas, por ese motivo la sensualidad había irrumpido en su ánimo con la misma potencia que las aguas del torrente que al fin terminan por vencer la resistencia de las rocas que las detenían.

No obstante, cuando vio entrar a Betsabé en sus aposentos, recuperó la serenidad de un gran amante. Toda una proeza, porque ella continuaba siendo una tentación irresistible, a pesar de ir vestida. Pero sólo llevaba encima unas ropas muy ligeras, algo ajustadas, que moldeaban sus curvas y dejaban ver casi la totalidad de sus senos gracias a un amplio escote. Los dos se encontraban solos, debido a que el fiel Sonafab acababa de desaparecer, una vez cumplida su misión.

—La flor del naranjo fue tu cuna y te dieron existencia las luces de una mañana de primavera —susurró el rey poeta.

Betsabé se postró de rodillas, agitada por el nerviosismo de la colegiala que va a ser premiada, inesperadamente, con un trofeo siempre anhelado. Y él la levantó por los hombros y la hizo ponerse de pie. Después recogió el delicado rostro con sus dos manos, para que los ojos de ambos se encontraran. Los de Betsabé parpadearon al sentirse incendiados por la pasión de los otros.

—Soy una mujer casada... —musitó con una voz queda, similar a quien sabe que va a rebasar una zona prohibida y pretende agarrarse, sin ninguna fe, a la última razón que puede impedírselo.

—Pero nadie te ha amado, gacela inquieta.

Unas pocas palabras dichas con el convencimiento del seductor que conoce a las mujeres. Pronto lo demostró con esa habilidad de quien sabe que antes de pedir hay que dar. Saboreó el cuerpo que se le ofrecía rendido hasta devolverle a ella toda la confianza, por medio del convencimiento de que era la joya más valiosa. Digna de ser tallada con las mejores herramientas: caricias de ensueño, un trato tan exquisito que Betsabé sintió que portaba una piel provista de un millón de sensibilidades; y un sinfín de besos y contactos que la llevaron al paroxismo.

Y después de escalar cimas de goce que jamás pudo ni siquiera imaginar que existieran, plenamente recuperada fue ella la audaz enamorada que entregó a su rey, a su primer amante, lo más valioso de su existencia. De esta manera, cuando las carnes se fundieron en el ajuste sublime, ella le brindó la virginidad de su pasión, porque acababa de descubrir el amor auténtico. Todo lo anterior con su marido ni siquiera podía ser considerado un simulacro, al limitarse al burdo "me echo sobre ti y te poseo, sin importarme tus sentimientos". Cuando lo que estaba disfrutando podía ser equiparado a los placeres que se esperan obtener en el paraíso.

Una conquista tan superior, que ella supo que se había quedado embarazada mucho antes de abandonar los aposentos del rey David. Pero lo conservó como un secreto.

Una invitación bastante maliciosa

Sólo tres semanas más tarde, en una de esas noches en las que se encontraban clandestinamente en una casa de la ciudad, ella se atrevió a revelar su gran secreto. Después intentó justificarse.

—Os lo he debido contar, mi señor, pues estas cosas no pueden esconderse... —Betsabé hizo una pausa, con la intención de observar las reacciones de su amante. Sin embargo, al verle tan pálido, sólo se le ocurrió proponer—: Os ruego que dejéis de preocuparos, ya que mi tía podría ayudarme a perder lo que hay en mi vientre...

—¿¡Qué estás diciendo, mujer!? —protestó el monarca de Israel—. ¡Es el hijo de un rey! —En seguida se apagó su voz, miró hacia el techo y buscó torpemente las ropas, ya que los dos se encontraban desnudos—. También es el fruto de un adulterio... ¡Uno de los pecados más castigados por mi pueblo, y del que yo no me encuentro libre! A pesar de mi condición de soberano de Israel...

—Hemos pecado juntos, mi señor —recordó ella—. No soy una niña. Sabía a lo que me arriesgaba al entrar en vuestros aposentos la primera noche. Por eso estoy dispuesta a someterme a cualquier sacrificio para no causaros más daño...

—¡Calla, mujer, calla! ¡Ni se te ocurra volver a pensar en esa tropelía! —gritó el rey David, al mismo tiempo que sorbía amorosamente las lágrimas que brotaban de los ojos femeninos—. Yo encontraré el remedio a esta situación.

Sin embargo, el remedio iba a resultar muy complicado. No podía contar con sus consejeros, ya que desconfiaba de todos ellos. Prefirió volver a servirse de Sonafab, para que éste se encargara de traer a Urías a palacio. Una maniobra en la que participó Joab, sobrino de David y general del ejército que estaba asediando aquella ciudad.

Días más tarde, el rey de Israel tuvo delante al marido de Betsabé. Para justificar su proceder, le dijo que en él deseaba homenajear a los "bravos que estaban librando tan dura batalla contra los enemigos que habitaban en Raba". También se interesó por otras cuestiones militares.

En realidad se estaba dando cuenta de que aquel hombre era un rudo militar, amigo de la violencia, de la bebida y de la buena

Días más tarde, el rey de Israel tuvo delante al marido de Betsabé. Para justificar su proceder, le dijo que en él deseaba homenajear a los "bravos que estaban librando tan dura batalla contra los enemigos que habitaban en Raba"...

vida. Pero falto de la necesaria sensibilidad para saber amar a su esposa. No obstante, pretendió incitarle a que fuera a su casa:

—Cuentas con unos días de permiso. Olvida la guerra, vuelve a tu hogar, asea bien tu cuerpo y da un buen trato a tu esposa. —En este punto hubiese provocado las sospechas de un marido más despierto, ya que se atrevió a sugerir esto—: Me han informado que te espera una mujercita encantadora, a la que seguramente harás muy feliz si volvéis a compartir el lecho que tú abandonaste por los deberes militares.

La invitación era bastante maliciosa, ya que si Urías pasaba aquella noche junto a Betsabé, terminaría creyendo que era el padre del niño que ella esperaba. Pero el rey dudaba de que su amante aceptase el encuentro camal, debido a que odiaba a su marido.

Algo de esto debió suceder, pues al día siguiente el monarca fue informado por Sonafab de que Urías había pasado parte de la noche en una taberna junto a algunos de sus compañeros de armas. Y bebió tanto que por la mañana se encontraba durmiendo en la puerta del palacio.

La estratagema del homicida

Debido a que este proceder se repitió los días siguientes, el rey David volvió a entrevistarse con Urías. Y en esta ocasión fue más directo:

—Te hice venir pensando que ibas a divertirte en Jerusalén como es normal en cualquier hombre casado. ¿Por qué prefieres dormir en el duro suelo antes que en la blanda cama donde te aguarda tu bonita mujer?

—No creo estar ofendiendo a nadie con mi comportamiento, Majestad. Yo soy un soldado de profesión. La mitad de mi vida la he pasado durmiendo en tiendas de campaña, parecidas a la que ahora guarda el Arca de la Alianza de Yahvé con Israel, o en la tierra, como estarán haciendo el general Joab y mis hermanos de guerra. ¿No ofendería a todos ellos si me entregase a la buena vida, yendo a comer los alimentos que prepara mi mujercita o acostándome en el mullido lecho de mi hogar? ¡Os juro por mi honor y la salud del rey, que evitaré caer en esas muestras de debilidad que podrían reblandecer mi ánimo de guerrero!

A pesar de estas palabras, el obstinado monarca le invitó a comer en su mesa. Una vez tuvo a Urías donde deseaba, se cuidó de que se le sirvieran los platos más apetitosos y de que su copa nunca dejara de estar llena de los mejores vinos. Y al verle medio borracho, volvió a sugerirle que marchase a su casa "para complacer a tu bella mujer"...

Algo que el marido no cumplió, debido a que repitió su conducta de las noches anteriores. Para despertar por la mañana junto a los vigilantes de la puerta de palacio. Como ya no podía seguir en Jerusalén más tiempo, el rey David debió planear una estratagema homicida.

Ésta fue devolver a Urías al campo de batalla, pero siendo portador de una carta secreta para el general Joab. En la misma se aconsejaba lo siguiente:

"Pon a Urías en el lugar donde más cruenta sea la pelea, y cuando se intensifique el combate, retiraos y dejadlo solo, para que caiga muerto."

El delito más grave de David

La orden del monarca de Israel resultaba tan deleznable, que ni siquiera podía ser justificada por la necesidad de conquistar a Betsabé. A partir de este momento se convirtió en un asesino, al que le traía sin cuidado burlarse del mandamiento "no matarás". Si en otras ocasiones había tramado con astucia la forma de librarse de sus enemigos, al fracasar en sus intentos de que Urías se acostara con su esposa durante la breve estancia en Jerusalén, intentó aparentar que su muerte había sido causada por la guerra, como les sucede a tantos otros soldados.

Sin embargo, no fue él la única víctima de la sucia maniobra, debido a que sucumbieron otros hombres que se hallaban a su mando. Y cuando la noticia llegó a palacio en la voz del capitán Ammón, el responsable del delito se atrevió a recordar unos antecedentes históricos, por algo su memoria siempre era prodigiosa:

—¿Quién os ha mandado aproximaros tanto a la ciudad para librar combate? ¿Acaso nadie os advirtió que quedarías a merced de las saetas y las piedras de los sitiados? ¿No fue matado Abimelec, hijo de Jerobaal, de una forma parecida cuando una mujer de Tebes le arrojó desde lo alto de las murallas una rueda de molino?

El mensajero debía hallarse al tanto de lo sucedido, pues se concedió un tiempo para observar a su soberano. Cuando entendió que éste se había tranquilizado, introdujo un elemento que consideró muy oportuno:

—He de resaltar, Majestad, que yo me encontraba entre los guerreros que fuimos atacados por los asediados. Mía fue la orden de pelear contra los enemigos que acababan de salir de la ciudad. Pero en seguida los vimos retroceder, con la traidora intención de llevarnos junto a los muros, donde fuimos diezmados por las flechas de los arqueros que se ocultaban en lo alto. Antes de ordenar a los escasos supervivientes que retrocedieran, pude ver cómo Urías era abatido después de comportarse heroicamente. ¡Allí cayeron muchos valientes!

—Esto es lo que dirás a Joab cuando vuelvas a su lado: no te preocupes demasiado por lo ocurrido, debido a que la espada elimina unas veces a los amigos y otras a los enemigos. Aumenta los ataques contra la ciudad de Raba y destrúyela lo antes posible.

La acusación del profeta Natán

El rey David no esperó demasiado para traer a Betsabé al palacio, ya que deseaba convertirla en su esposa. De esta manera los dos pudieron gozar de su amor sin dar muestras de ningún remordimiento en los meses siguientes. Hasta que nació el fruto de su pasión. Se habían librado de un obstáculo, nada más; sin embargo, el obstáculo era un ser humano, que a pesar de su rudeza y su carencia de sensibilidad se hallaba protegido por las leyes de Israel.

Al mismo tiempo, este país seguía estando formado por pastores nómadas, para los que la palabra constituía el instrumento ideal de comunicación. De alguna manera allí todo terminaba siendo conocido, en especial cuando varias personas habían participado en el suceso. Se ignora quién fue el que divulgó el asesinato de Urías, lo que sí ha quedado recogido en los textos bíblicos es que el profeta Natán, que gozaba de un gran prestigio en palacio y era de los pocos que se atrevían a enfrentarse a su rey mirándole directamente a la cara, no se guardó la noticia.

Prefirió servirse de una petición de juicio. Como le fue concedido casi de inmediato, se presentó ante David y le expuso este caso:

—Un hombre muy rico, propietario de abundantes ganados de ovejas, vacas y bueyes, un día que había invitado a su mesa a uno de sus mejores amigos, en lugar de sacrificar a uno de sus muchos animales, prefirió dar muerte a la ovejita de un vecino. Sin importarle que éste sólo contara con esa bestia que le había sido arrebatada, y a la que jamás hubiese quitado la vida, debido a que la consideraba un miembro más de su familia: jugaba con sus hijos, compartía la mesa con éstos y dormía con ellos. ¿Qué castigo merecería ese hombre rico?

El rey David no esperó demasiado para traer a Betsabé al palacio, ya que deseaba convertirla en su esposa.

—¡La muerte más indigna! ¡Pero antes tendría que compensar al pobre pastor con siete ovejas por la que fue injustamente sacrificada! —La voz justiciera del soberano había retumbado entre las columnas de la sala del trono; luego, más sosegado, preguntó: —Dime, profeta, ¿quién es ese hombre rico?

Entonces Natán se quedó contemplando al homicida. Su rostro adquirió un tono muy grave, el propio de un juez implacable; y fue directamente al asunto:

—¡Tú eres ese hombre rico!

David quedó muy confundido, acaso porque estaba entendiendo el significado de la parábola utilizada por el profeta. Antes de que pudiese reaccionar, siguió escuchando lo siguiente:

—El Señor Dios de Israel ha puesto en mis labios este mensaje que he de comunicarte: Yo te ungí rey de mi pueblo, y te libré de la mano enemiga de Saúl. Puse a tu cargo la casa de tu señor, dejé bajo tu custodia a sus mujeres y te di el mando sobre las tierras de Israel y de Judá. Por mucho que te parezca lo que te entregué, has de considerarlo escaso ya que te esperan recompensas muy superiores. Pero, ¿cómo has humillado mi palabra al pecar delante de mis ojos? Quitaste la vida a Urías, el jeteo, y luego te has desposado con su mujer, sin tener en cuenta que para conseguirla utilizaste la espada de los hijos de Ammón. Esto significa que ya nunca te librarás de la espada, debido a que te atreviste a despreciarme. Escucha la palabra del Señor: tu casa se verá inundada de calamidades, y todas tus esposas te serán arrebatadas para entregárselas a otro, que se acostará con ellas a la luz del día porque tú pecaste en la oscuridad de la noche. Mis órdenes serán cumplidas delante de todo Israel, y bajo la luz del sol.

David quedó tan desolado por el peso de la acusación, que debió buscar el apoyo de una pared para no rodar por los suelos. Cuando recuperó una parte de sus fuerzas, miró hacia lo alto y reconoció con toda claridad su delito:

—¡He pecado contra el Señor, mi único Dios!

—Yahvé está viendo tu dolor, por eso te ha perdonado —dijo Natán—. No recibirás un castigo mortal en tu propia persona, aunque sí en ese hijo que acaba de nacer del adulterio. Nadie podrá curarle de la enfermedad que ya le está afligiendo. ¡Es el castigo que mereces por ser responsable de que los enemigos de Yahvé hayan blasfemado contra Él!

Nada más terminar de hablar, el profeta abandonó el salón del trono. Se supone que nadie se hallaba presente, excepto los dos protagonistas de un diálogo tan dramático.

El amargo lamento de un poeta

David poseía la naturaleza de un pastor-poeta: lo mismo que se dejaba arrastrar por la sensualidad, también se le desbordaba el alma en el momento que la tragedia se abatía sobre él o sobre los suyos. Como en seguida pudo comprobar que las palabras de Natán se habían hecho realidad, ya que el hijo que le había dado Betsabé estaba muy enfermo, se sometió a una despiadada autopenitencia.

Sin dejar de implorar al Señor piedad para el niño, se negó a sentarse en la mesa a la hora de las comidas, dejó de beber y ordenó que se hicieran sacrificios en el Templo. Durante los cinco días siguientes vivió como un alma en pena, gimiendo por dentro, echándose ceniza sobre el cabello y rezando salmos en los que se humillaba de esta manera:

¡Ten piedad de mí, oh Dios, que soy mortal!
Por tu inmensa misericordia anula mi iniquidad.
¡Oh, lávame más de mi pecado,
y de mi falta purifícame!
Pues mi pecado yo lo reconozco
mi falta sin cesar está ante mí.
Contra ti sólo he pecado,
y lo malo a tus ojos cometí.
Así eres justo en tu sentencia,
sin reproche en tu juicio.
Mira que en culpa yo nací,
en pecado me concibió mi madre.
Pero tu amas la verdad del corazón,
en el secreto me enseñas la sabiduría.
Crea en mí, oh Dios, un puro corazón,
un espíritu firme en mi pecho renueva;

no me rechaces lejos de tu rostro,
no retires de mí tu santo espíritu.
Abre mis labios, oh Señor,
y anunciará mi boca tu alabanza.
Mi sacrificio, oh Dios, es mi espíritu contrito:
un corazón arrepentido y humillado,
¡pero deja que siga respirando el inocente!

II. EL NACIMIENTO DEL "AMADO DEL SEÑOR"

Al final nada se consiguió...

Hasta tal punto llegaron los sacrificios del rey David, que en ciertos momentos supuso que sería escuchado por Yahvé. Con esta idea entraba dos o tres veces durante el día o la noche en el dormitorio donde se encontraba su hijo. Para encontrarse con que Betsabé le informaba con sus lágrimas que no había descendido la calentura, porque todos los remedios utilizados estaban resultando inútiles.

El héroe se negaba a rendirse, y seguía flagelándose física y mentalmente. Sus ojos se habían quedado vacíos de llanto, las manos las tenía cubiertas de llagas por la desesperación con que cerraba los puños sin dejar de suplicar perdón:

¡Oh tú, Señor, que amas la sinceridad del corazón!
¡Hazme ver los secretos de tu sabiduría!
¡Lava mi conciencia, y emblanqueceré como la nieve!
¡Déjame sentir el placer de la vida de mi hijo,
y brincará de gozo el cuerpo que humillaste!

El niño falleció a los siete días de haber nacido. Cuando se produjo el fatal desenlace, el rey David se encontraba orando ante el Tabernáculo. Como sus servidores le habían visto sufrir tanto, no se atrevieron a contarle nada. Sin embargo, el hombre que conocía las reacciones de los demás mejor que nadie, supo captar en el silencio de quienes tenía delante lo que había sucedido. Preguntó con firmeza, y así conoció la verdad. Entonces...

David era excepcional en todo

...En lugar de sumirse en el dolor, como creían los que le rodeaban, el rey David marchó a sus aposentos. Allí sus servidores le ayudaron a bañarse, a ungirse y a ponerse ropas limpias. Acto seguido entró en la tienda donde se guardaba el Arca de la Alianza, para rezar a Yahvé. Luego pidió que le dieran de comer. Era demasiado vitalista, un ser excepcional en todo, de ahí que sus reacciones fuesen tan inesperadas.

En el momento que su fiel Sonafab le preguntó qué le había permitido recuperar toda su vitalidad, el soberano de Israel respondió:

—Ante la enfermedad del niño yo ayunaba, gemía y rezaba, porque estaba convencido de que existía alguna posibilidad de que Yahvé atendiese mis súplicas y le curase. Pero una vez ha muerto, ¿que obtendría sumiéndome en el dolor y en la angustia? ¿Es posible resucitarlo? Yo sí que iré a su encuentro; pero él jamás regresará a mi lado.

De esta manera dejó bien claro que lo importante era seguir viviendo de acuerdo a la realidad. A partir de aquel día se entregaría por completo a su pueblo, sin olvidarse en ningún momento de Betsabé, a la que convirtió en la primera de sus esposas. Es posible que aquella misma noche ya la dejase de nuevo embarazada.

Siguieron muchas jornadas de amor apasionado, en las que David no dejaba de comportarse a la manera del navegante que sabe compartir los remos con su pareja, para llegar a puerto con ese placer inextinguible que invita a repetir al ser imposible el aburrimiento. Mientras tanto, ella sabía devolverle el trato con la gracia de la mujer que se siente plenamente satisfecha.

Hasta que a las pocas semanas pudo anunciar a su marido que esperaba un hijo. Esto supuso que las sombras dejadas por el muerto se desvanecieran en su totalidad, a la espera del regalo más valioso: el fruto de un amor sin pecado.

El niño más hermoso

Ocho meses más tarde, cuando Betsabé vio al niño, le pareció tan hermoso que escaparon de sus labios estas frases nacidas del alma:

—¡Es el digno hijo de su padre, el rey de Israel!

—¡¡Se llamará Salomón!!

—Un nombre muy apropiado —intervino el profeta Natán, con los ojos fijos en el rostro del niño—. ¡Porque he de revelaros que ya es el AMADO DEL SEÑOR!

Recordaba que el embarazo no había presentado ningún problema, que el parto acababa de resultar poco complicado, sin apenas dolor, y que el recién nacido ofrecía las proporciones más perfectas. Después, una de las dos comadronas lo lavó en una jofaina llena de agua fría, para que el llanto ensanchara los pulmones de quien iba a ser el mejor orador del pueblo elegido por Yahvé.

Pasadas unas horas, cuando el rey David vio al pequeño, se notó tan satisfecho, que musitó casi en un amago de grito jubiloso:

—¡Se llamará Salomón!

—Un nombre muy apropiado —intervino el profeta Natán, con los ojos fijos en el rostro del niño—. ¡Porque he de revelaros que ya es el AMADO DEL SEÑOR! ¡Le espera un futuro tan glorioso que causará la admiración de las generaciones futuras!

El padre se sintió muy halagado, por eso alzó al "cachorro de rey" todo lo alto que le permitieron sus brazos y le miró. Una carcajada brotó de sus labios, aunque silenció lo que estaba pensando:

"¡Unos padres perfectos sólo podían dar forma a un crío ejemplar! ¡Qué orgulloso me siento!"

¿No tenía en sus manos la mejor prueba de que Yahvé le había perdonado al brindarle un heredero que ofrecía en su nacimiento un físico muy superior al de todos sus hermanastros? Con este convencimiento hizo una insólita promesa, sin importarle quebrantar todos los derechos de sucesión:

—¡Hijo mío, tú te sentarás en el trono de Israel cuando yo advierta que me flaquean las fuerzas!

Estas palabras jamás las olvidarían el profeta Natán y Betsabé. Sin embargo, quien las había pronunciado terminó por no tenerlas en cuenta, al haber brotado de su boca impulsadas por una especie de melopea pasional.

La inmensa crueldad del vencedor

El asedio de Rada proseguía. Era la primera vez que una ciudad resistía tanto tiempo el ataque de los ejércitos de Israel.

El rey David envió un mayor número de soldados, dispuesto a extirpar ese forúnculo que estaba envenenando la voluntad guerrera de su pueblo. Muchos eran los proyectos que se hallaban paralizados por culpa de una contienda que se llevaba una gran parte de los ingresos del Estado.

A los pocos días, recibió la buena noticia de que el enemigo se hallaba a punto de rendirse. Además, el general Joab le proponía que se llegara al lugar del combate, "pues de esta manera las gentes no me atribuirán a mí una victoria que sólo corresponde a su Majestad".

Una buena oportunidad para que el mejor lanzador de piedras con honda demostrara que continuaba siendo un gran estratega militar. Ya lo había probado muchos años antes. Nada más llegar al campo de batalla, se cuidó de estudiar el plan de asalto. Introdujo varias modificaciones y, tres días más tarde, ya se encontraba en el interior de Raba.

Antes de presionar con la punta de su espada el cuello del rey amonita, le quitó de la cabeza una corona cubierta de piedras preciosas que pesaba un talento de oro (42 kilos) al mismo tiempo que exclamaba:

—¡Seguro que libre de esta carga tan pesada caerás en la cuenta de que eres un miserable mortal! ¡Mucho has hecho padecer a mi pueblo, por lo que no tendré piedad contigo!

No sólo mandó ejecutar a este monarca, ya que se cuidó de que fueran sacrificados la mayoría de los supervivientes. Pero con este escarmiento quiso avisar a otros posibles enemigos, dado que un grupo de los vencidos fueron "aserrados" al pasar sobre ellos unas ruedas provistas de grandes pinchos de hierro; otros murieron despedazados con cuchillos; y unos terceros terminaron asados vivos en el interior de unos hornos de ladrillos.

Éste fue el trato que el rey David dio a los rebeldes de Raba y a los de las demás ciudades amonitas que fueron conquistando sucesivamente. Quizá con tanta crueldad estuviera satisfaciendo una venganza personal: haberse convertido en un homicida al permitir la muerte del marido de Betsabé ante las murallas de una de las ciudades de estos enemigos, lo que desencadenó la pérdida del hijo fruto del adulterio.

Bajo la tutela de Natán

El soberano de Israel tenía varios hijos: el sombrío y reservado Amnón, su primogénito y cuya madre era Micol; los guapos Absalón y Tamar, nacidos de sus ayuntamientos camales con Maaca; y Salomón, el premio al amor tan encendido que sentía por Betsabé. Llegarían otros más adelante.

Después de la victoria sobre los amonitas, el rey David quiso entregarse a la política. Gracias a que todavía no había olvidado la promesa formulada ante su último descendiente, se encargó de llamar a Natán en privado, al que dijo:

—Profeta, he de encargarte la tutoría de Salomón. Es posible que esta tarea la consideres inferior a tu condición de intérprete de los mensajes de Yahvé; sin embargo, no hay en Jerusalén un profesor mejor que tú para que se haga realidad el destino que le anunciaste.

—Confiaba en que me concedieses esa labor, porque amo a tu hijo como si fuera mío. No olvides que tú y yo tenemos la misma edad, a pesar de que nos diferencie las esposas que a ti te acompañan y la presencia de una sola mujer en mi casa. ¡Algo que nunca supondrá un impedimento para modelar el cuerpo y la mente de quien ha de convertirse en el rey más importante de Israel!

Hubiese podido anunciar otros dones que iba a conseguir Salomón, como el de que su pueblo olvidara su condición de hijo de pastores para adquirir la idea de un Imperio, de una raza digna de perpetuarse hasta el fin de los siglos: con una tierra propia, una lengua y una religión firmemente consolidadas.

—Ahora mismo ordenaré a Sonafab que habilite parte del ala sur de palacio para tu escuela —dijo David, muy animado—. También me cuidaré de que tus actividades cuenten con la intimidad necesaria.

—¡Cuidado! —advirtió el profeta—. ¡No intentes guardar en una jaula a quien hablará todas las lenguas de esta parte del mundo, caminará por senderos que tú ni siquiera imaginas y llevará su mente más allá de las estrellas!

—Tú mismo te encargarás de romper todos los barrotes, Natán. Haz lo que consideres oportuno con mi hijo, pues te lo confío sin ningún tipo de prevenciones.

—Sabré corresponder a tu confianza... ¡Ah, procura aleccionar a Betsabé sobre mi trabajo, pues nunca se me ha dado bien discutir con las mujeres!

Llevaba las ropas rasgadas y el pelo cubierto de cenizas en el momento que fue recibida por el único hombre en el que confiaba...

Este ruego sirvió para que el soberano riese con ganas, al mismo tiempo que componía un gesto de asentimiento. A partir de aquel momento el futuro de Salomón ya podía considerarse materializado, a pesar de que le quedasen por pasar casi veinte años de un severo aprendizaje.

Betsabé fue la mejor aliada

Betsabé apreciaba al profeta Natán, a pesar de que llegó a desear verle muerto cuando supo que él había anunciado que aquel recién nacido, el fruto del adulterio, iba a vivir muy pocos días. No obstante, cuando le vio tratar con tanto amor al segundo niño y, después, le escuchó anunciar el destino que a éste le esperaba, se hubiera arrodillado para suplicarle perdón y, luego, darle las gracias. Una decisión que prefirió guardarse para ella, debido a que se sentía muy confundida en aquellos instantes.

No le sucedió lo mismo al conocer que Salomón iba a ser tutelado por Natán, ya que se convirtió en su mejor aliada. Aceptó con agrado que sus servidoras hablasen tres lenguas distintas, con la intención de que el niño debiera esforzarse en entenderlas, cuando ya estaba repitiendo sus primeras palabras y empezaba a caminar.

Apenas había llegado a los diez meses de edad, cuando su vida pareció estarse desarrollando en las fronteras de varios países: escuchaba distintos idiomas, vivía junto a los animales más variados, se estaba familiarizando con los sonidos musicales melódicos o estridentes y ya había realizado las primeras salidas de palacio para que sus ojos se acostumbraran a las gentes más variopintas.

Por eso no debe sorprendernos que a los cuatro años ya supiera leer y escribir, hablase tres lenguas y conociese los nombres de todas las plantas, árboles y animales que había en el palacio. Además se hallaba al tanto de que no vivía en un paraíso.

Natán le contaba lo que estaba sucediendo en palacio o afectaba de una u otra manera a la vida en el mismo. Así pudo enterarse del incesto de su hermanastro Amnón...

La perversión del amor es el desprecio...

Amnón se había enamorado tan ciegamente de su hermanastra Tamar que perdió las ganas de comer y de salir de sus aposentos. Su aspecto adquirió un tono enfermizo, por lo que uno de sus primos le preguntó:

—Hijo del rey David, ¿cómo has perdido tanto peso y nunca se te ve sentado en la mesa a la hora del almuerzo y de la cena?

—¡Ah, mi querido amigo, si supieras lo mucho que pienso en la bella Tamar! ¡La necesito a mi lado, pero sé que me rechazará porque ella es una diosa y yo un hombre sin ningún atractivo!

—Eso se puede solucionar con un poco de astucia, primo. Métete en la cama, di a todos que has caído enfermo y, cuando vengan a curarte, pide que Tamar sea quien te cuide.

Esto fue lo que hizo Amnón. Como interpretó muy bien su papel, llegó a preocupar hasta a su padre. Y cuando éste le hizo una visita, aquél le cogió de un brazo suplicando:

—Ni fuerzas me quedan para comer... ¡Ah, si Tamar me sirviese esos dulces, que ella prepara como nadie, estoy seguro de que se me abriría el apetito! ¡Por favor, padre, debéis conseguir que ella venga a socorrerme!

El rey David creyó lo que le estaba diciendo su hijo, ya que nunca le había mentido, y fue en busca de la bella. Ésta se prestó a cumplir el papel de enfermera. Para ello cocinó unas hojuelas de harina con miel, que llevó al enfermo. Entró en el dormitorio sin sospechar que estaba siendo llevada a una trampa. Tampoco le extrañó que Amnón pidiese a los presentes que les dejasen solos, ya que le avergonzaba que le viesen recibir la comida de manos de su hermana.

Ella comenzó a servirle, hasta que él la agarró por los hombros e intentó forzarla. Sin embargo, se encontró con una mayor resistencia de la que suponía.

—No, Amnón, no —musitó Tamar, algo ruborizada—. Si tanto me deseas, habla con nuestro padre, el rey. Quizá autorice nuestra boda... ¡Pero nunca vuelvas a querer tomarme por la fuerza y a escondidas!

El enfermo fingido se hallaba tan desesperado, que saltó sobre su hermanastra como un tigre sobre una cervatilla indefensa. Allí mismo la violó sin piedad. Una vez culminado el incesto, viendo que ella le estaba maldiciendo en lugar de agradecerle el encuentro camal, su amor se convirtió en odio. Y en medio de una perversa reacción, la arrojó fuera de su dormitorio, al mismo tiempo que gritaba:

—¡Retírate de mi cama y márchate de aquí!

—No te obedeceré, Amnón, porque si salgo de tu dormitorio en estas condiciones el mal que caerá sobre los dos será peor que éste que tú acabas de infringirme.

Tamar se estaba refiriendo a que el incesto sería conocido por todos. Algo que iba a suceder inevitablemente, debido a que el enloquecido gritó para llamar a uno de sus criados. De esta manera los dos arrojaron a la violada fuera de la casa.

Ella corrió a las propiedades de su hermano Absalón, al que siempre había querido fraternalmente porque parecían gemelos en la belleza de su físico, en los sentimientos y en muchas de las aficiones. Llevaba las ropas rasgadas y el pelo cubierto de cenizas en el momento que fue recibida por el único hombre en el que confiaba. Por eso no había buscado el socorro de su padre el rey David.

Cuando Absalón conoció lo sucedido, prometió vengarse de Amnón. No obstante, convenció a su hermana de que esperase algún tiempo, debido a que no era el momento más adecuado para ir en contra de quien todos seguían considerando un enfermo. Lo cierto es que Absalón acababa de obtener un motivo para eliminar al heredero del trono, y así quedar él primero en la lista de candidatos.

III. EL GRAN PESO DE LOS ACTOS DE ABSALÓN

La explicación que Salomón recibió

Salomón sólo contaba con cinco años, pero ya estaba al tanto de que vivía en un país muy complejo, cuya historia ofrecía todas las variantes del comportamiento humano. Después de que Natán le contase el incesto de Amnón con los términos precisos, se cuidó de finalizar con esta explicación:

—Algunos de nuestros patriarcas se casaron con sus hermanos, como Abraham al unirse con Sara. Pero lo hizo de una forma pacífica.

—¿Es posible que el amor camal ciegue tanto a los hombres que olviden el amor fraternal? —preguntó el niño, demostrando una sorprendente claridad de ideas.

—Esa forma de amor que llega a enloquecer a ciertos hombres es muy difícil de mostrar con palabras —reconoció el profeta—. Tú lo entenderás mejor cuando la sientas, porque vas a amar y a ser amado en muchas ocasiones. No obstante, nunca caerás en la aberración de terminar odiando a la mujer que ames. Lo perverso en el comportamiento de Amnón hemos de verlo en que forzase a Tamar. Nunca se debe ir en contra de los deseos de otra persona, especialmente cuando éstos forman parte de su derecho a elegir lo que quiere y a sentirse libre.

—Creo que lo que me va a resultar más difícil es comprender el comportamiento humano —dijo Salomón, muy serio.

—No quisiera que interpretaras mis palabras como un acertijo o un enigma, hijo mío —musitó el profeta—; pero mucho más complicado va a resultarte, cuando te conviertas en el rey de Israel, entender tu propio comportamiento. Serás demasiado sabio, te verás desbordado por las pasiones y, con ser más tus aciertos, en algunas ocasiones no podrás evitar que con tu conducta te enfrentes a los intereses de tu pueblo. Pero, ya ves, en lo que te anuncio sólo quedará patente una realidad ineludible: serás el más complejo de los monarcas de la nación que tú convertirás en un Imperio.

Natán había ido muy lejos con sus palabras, por eso el niño no pudo entenderle. Aunque le quedó la idea de que los seres humanos somos tan heterogéneos como para no poder asegurar lo que vamos a realizar mañana, ya que las circunstancias, o la influencia de otra persona, puede conseguir que todo varíe por completo.

La muerte de Amnón

Dos años más tarde, hacia el 986 a.C., Absalón creyó que se hallaba en la mejor situación para materializar su venganza. Gracias a que contaba con unas propiedades, lo mismo que sus hermanos, aprovechó la época del esquileo para invitar a su familia. Pero no olvidó que debía contar primero con la aprobación de su padre, al que dijo:

—Mucho ha aumentado el ganado lanar en Baljasor, que como sabéis es donde yo vivo, por eso necesito que me ayuden varios brazos. ¿Puedo contar con todos los de mi familia, padre?

—Creo que te equivocas, Absalón —le rectificó el rey David, muy en su papel de patriarca—. Tendríamos que marchar a tu casa con todos los nuestros, lo que te resultaría más gravoso que el beneficio que podrías obtener.

—No había pensado en eso, padre. Quizá con que viniese Amnón a echarme una mano fuera suficiente.

—¿Por qué él en particular?

—Iría solo, al seguir soltero. Bien sabéis, padre, que a vuestro primogénito le conviene la vida en el campo, donde el trabajo le mantenga entretenido.

—En eso tienes razón. Será mejor que también te acompañen tus otros hermanos, pero sin sus familias. Esto supondrá para ti menos gastos y los mismos beneficios. Ahora lamento no poder ir con vosotros ya que mis deberes de rey me lo impiden.

De esta forma, Absalón consiguió lo que deseaba. Pocas veces en su vida se había tropezado con una negativa, acaso porque era demasiado hermoso, astuto y conocedor de las debilidades humanas. No había persona en Israel, ya fuese hombre o mujer, que no le admirase, hasta el punto de hallarse dispuestos a brindarle cualquier tipo de ayuda. Otro de los dones de su físico que más se elogiaba era la espléndida cabellera que adornaba su cabeza, ya que a pesar de que se la rapaba casi "al cero" todos los años, terminaba por crecerle hasta caerle sobre los hombros como una negra corona.

Sin embargo, los platos que se colocaron delante de Amnón se hallaban más sazonados, de tal manera que le obligasen a beber exageradamente...

La primera noche que tuvo a sus hermanos donde quería, organizó un banquete de bienvenida. Antes se había encargado de aleccionar a sus servidores: se sirvieron las mejores viandas y las bebidas más selectas; sin embargo, los platos que se colocaron delante de Amnón se hallaban más sazonados, de tal manera que le obligasen a beber exageradamente.

En el momento que éste ya se encontraba borracho, comenzó a gritar en contra de todos los presentes, a la vez que recordaba que nadie le había perdonado "su incesto con Tamar". También comenzó a romper vasijas. Entonces surgieron de las sombras tres hombres armados con cuchillos, y le dieron muerte de la forma más brutal.

El momento resultó tan aterrador que los demás hermanos, temiendo ser las próximas víctimas, escaparon de allí montados en sus mulos. Tanto deseaban encontrarse en el refugio que suponía Jerusalén, que ni siquiera miraron hacia atrás.

Absalón se había cobrado la venganza del "incesto" que el pueblo tácitamente le había venido reclamando, por algo él era hermano de sangre de Tamar, a la que tanto se parecía. Nadie pensaría que lo había hecho realmente para situarse el primero en la línea de sucesión al trono de Israel.

El palacio de David se llenó de dolor

Resulta incomprensible saber cómo eran conocidas las noticias de una tragedia a muchos kilómetros de distancia, casi en el mismo momento que se producían. No obstante, al palacio de David llegó la noticia de la muerte de Amnón unida a la de todos sus hermanos. Al parecer habían sido degollados.

Esto supuso que el dolor se convirtiera en un llanto general. El soberano se rasgó las vestiduras y se derrumbó en el suelo, con lo que todos los que le acompañaban hicieron lo mismo. Siguieron unas horas de consternación, que afectaron muchísimo a Salomón, a Betsabé y a Tamar. Llantos desgarradores parecieron querer agrietar las piedras y las lágrimas regaron los suelos, al creer que lo mejor del reino había perecido de una forma incomprensible.

A la mañana siguiente, fue el mismo hombre que aconsejó a Amnón que simulara estar enfermo para así conquistar a Tamar quien apareció allí, para contar toda la verdad de lo sucedido:

—Sólo ha muerto Amnón, porque Absalón había jurado vengar la violación de Tamar. Los demás hermanos están a punto de llegar sanos y salvos. Ahora deben encontrarse faldeando la colina por el camino que trae a la ciudad.

En seguida el rey David pudo abrazar a sus hijos con la alegría del patriarca que ha conseguido extraer de las tumbas a quienes daba por mal enterrados. Amaba a los suyos con la fuerza del pastor, para el que la vida supone un premio inconmensurable obtenido después de superar las dificultades del nacimiento. Lo suyo tenía mucho de propiedad, de un querer ver reflejados en sus descendientes esos dones que él poseía y hasta los que jamás podría obtener.

Sin embargo, como era un ser excepcional, reaccionó de nuevo igual que al conocer la muerte del primer hijo que tuvo con Betsabé: Amnón ya estaba perdido, era irrecuperable, por eso el centro de su interés debía ser Absalón. Estamos convencidos de que le hubiese mandado ajusticiar, en el caso de haberle tenido delante...

Cambiaría de idea con el paso del tiempo, debido a que el fratricida había buscado protección en Guesur, la tierra de sus abuelos maternos, donde permanecería tres años.

Jerusalén debía reclamarlo

Salomón seguía progresando con una rapidez que a todos tenía asombrados. Ya montaba a caballo, lo mismo que sabía manejar un camello, conocía el nombre de las estrellas más importantes y podía predecir el tiempo que iba a hacer observando el comportamiento de las cabras que pacían en las afueras de la ciudad. Para sus conocimientos matemáticos se estaba sirviendo de unos dibujos de las pirámides egipcias, que le tenían subyugado.

Mientras Natán le hablaba de la misteriosa habilidad de los arquitectos que habían levantado esos colosales monumentos funerarios, el joven comenzaba a sentir esa envidia sana de quien desea imitar lo que más admira. Una necesidad que se cuidaría de satisfacer unos veinte años más tarde.

Al mismo tiempo, su padre, el rey David, no dejaba de añorar a Absalón. Es cierto que éste había cometido un delito por el que debía ser castigado; pero era un miembro de la familia real, el heredero al trono, luego podía ser perdonado. ¿Cuántos ejemplos podían extraerse de la historia para demostrar que un príncipe no debía ser juzgado por el mismo rasero que los hombres normales?

Cuando se cumplieron los tres años del destierro voluntario del "hijo predilecto", David ya se encontraba dispuesto a todo para recuperarle, aunque no era tan estúpido como para ignorar que la iniciativa nunca podía venir de su lado... ¿Y si consiguiera que fuese la misma ciudad de Jerusalén la que cumpliese esta labor?

La tradición había dejado escrito que no era preciso que el pueblo hablase, ya que podía hacerlo una sola persona en su nombre. De nuevo, el general Joab, el cómplice del rey David en la muerte de Urías, el esposo de Betsabé, fue el que intervino de la forma más acertada: envió a una mujer para que solicitase justicia ante el trono de Israel. No tardó en ser atendida en su demanda, por lo que pudo contar lo siguiente:

—Majestad, yo tenía dos hijos que eran el orgullo de mis ojos. Siempre se habían llevado bien; pero algo debió suceder entre ellos que desconozco. El hecho es que se enfrentaron estando solos en el campo... ¡Ay de mí, uno dio muerte al otro! Puedo juraros que mi marido y yo golpeamos e insultamos al superviviente; pero era carne de nuestra carne. Enterramos al fallecido y nos propusimos seguir viviendo con la pena. Hasta que nuestros familiares enviaron un mensajero a casa, para reclamar que nuestro hijo pagase con su vida la del muerto. Si lo consentíamos, perderíamos al heredero de nuestro nombre y nuestra casta. Se apagaría la llama de la familia, debido a que yo soy muy vieja para tener descendencia... ¿Qué debemos hacer, Majestad?

El monarca se quedó pensativo. Lo que acababa de escuchar se parecía tanto a su caso, que no podía ser una casualidad. Sin embargo, se hallaba obligado a ofrecer su veredicto.

—Mujer, debes hacer que tu hijo venga a Jerusalén.

—¡Pero, Majestad, si saliera de nuestra casa, caería en las manos de los familiares que le esperan en los caminos!

—¡Por Yahvé que no caerá en tierra ni un cabello de tu hijo, dado que cuenta con mi protección!

—Agradezco vuestra ayuda, Majestad... Ahora en mi cabeza ha surgido una pregunta: ¿Cómo no se ha portado su Majestad de la misma forma con Absalón? La solución que habéis dado a mi caso, bien podrías aplicarla al vuestro para que regrese el fugitivo.

—¡Mujer, mujer, tú has hablado con voz ajena! —exclamó el soberano de Israel—. ¿Quién te ha mandado venir aquí con esa historia tan parecida a la mía?

—Voy a considerar que esa mujer de tan fácil palabra, a la que tú aleccionaste, es la voz de Jerusalén. Por eso quiero que vayas en busca de Absalón y le traigas aquí.

—Ha sido el general Joab, el hombre que daría su vida por veros siempre dichoso.

—Reconozco que ha enviado a la mejor embajadora. Vete de aquí, mujer; pero antes di a mi tesorero que te entregue cuarenta monedas por tu trabajo.

—No habléis de dinero, Majestad. Nada cobré al noble Joab, como tampoco haré con vos. Las cosas que salen del corazón no tienen precio.

Dos amargos años de silencio

El rey David llamó a su sobrino el general Joab. Le debía el favor de poder contar con la oportunidad que tanto anhelaba. Le invitó a sentarse en la mesa a la hora de la comida, junto a Betsabé, el profeta Natán y el joven Salomón. Y al llegar a los postres, le dijo:

—Voy a considerar que esa mujer de tan fácil palabra, a la que tú aleccionaste, es la voz de Jerusalén. Por eso quiero que vayas en busca de Absalón y le traigas aquí.

—Tú no podrás recibirle —dijo Natán—, pues si lo hicieras te convertirías en cómplice de quien vertió la sangre de Amnón.

—Lo sé, viejo amigo, lo sé —admitió el rey David.

En efecto, dos años de amargo silencio se impuso el soberano de Israel. En todo este tiempo no quiso ver a su hijo predilecto, ni que le hablaran de él, a pesar de intuir que en ocasiones se había encontrado a unos pasos de palacio.

Realmente, Absalón no había dejado en ningún momento de ambicionar el trono. Con su presencia en Jerusalén fue modelando la idea de que estaba siendo víctima de una injusticia: no dejaba de mostrar su arrepentimiento por haber dado muerte a Amnón y, a la vez, de proclamar que amaba a su padre, porque no hay forma "de que una rama viva si es desgajada del tronco".

Cuando entendió que ya contaba con los apoyos suficientes, se aprovechó de la circunstancia de que sus propiedades lindaban con las de Joab. Dado que éste también le negaba la palabra, encargó que le quemaran un campo donde la cebada se hallaba en sazón. Así provocó que el general acudiese a él con la protesta. Y entonces se sirvió de estos hábiles razonamientos:

—He debido recurrir al incendio para que respondieras a mis constantes demandas de ayuda, Joab. ¡Necesito volver a encontrarme junto a mi padre, y para conseguirlo estoy dispuesto a pagarte todo lo que has perdido! ¡Has de ayudarme para que tu rey y el mío comprenda que es injusto mantener una situación que tanto dolor nos causa a los dos!

La rebelión del conspirador

El rey David contaba sesenta años cuando abrazó a Absalón, porque había llegado el momento de perdonarle sin que el pueblo considerase el acto un pecado. Fue el reencuentro del padre con el hijo anhelado. Pero éste seguía fraguando su conspiración. Tenía prisa por sentarse en el trono, lo que no le impedía comprender que se enfrentaba a un mito. Debía esperar.

Una espera que iba a servirle para encontrarse cerca de las gentes. Primero se rodeó de espías que le informaban de las casas donde había surgido un conflicto familiar o económico, con la intención de acudir él primero a resolverlo. El siguiente paso fue situarse en las puertas de la ciudad, para hablar con quienes venían a pedir justicia. A todos éstos solía decirles:

—Lenta y torpe es la ley que mantiene mi padre, porque en su vejez puede ser fácilmente engañado. Pero si yo estuviera en su lugar, resolvería los pleitos directamente y con la mayor rapidez, debido a que conozco a mi pueblo.

Cuatro años de conspiración le permitieron creer que había llegado el momento de levantarse en armas contra el poder establecido. Antes debió solicitar permiso a su progenitor para marchar a Hebrón, donde se celebraban los sacrificios más importantes en honor de Yahvé. Esto le permitió llevar a su lado a doscientos hombres, entre los que destacaba el sabio Ajitofel, que fue consejero de Saúl y siempre había odiado al rey David.

¿Es posible que éste se hubiese quedado ciego o sordo para no advertir que había convivido con la víbora que pretendía asestarle una mordedura mortal? Si siempre fue considerado un gran conocedor de los hombres con el simple hecho de tenerlos delante; ¿acaso la alegría de volverle a sentir cerca era la causa de que nadie le contase lo que estaba sucediendo? ¿Es posible que lo conociera y permitiese su desarrollo para luego obrar en consecuencia?

Podríamos formularnos muchas otras preguntas. La verdad es que la historia es bastante contundente en sus hechos: la traición fue incubada a lo largo de cuatro años dentro de Jerusalén, donde cualquier noticia, más las relevantes, eran comentadas en todas las casas y en el palacio.

"¡Israel marcha detrás de Absalón!"

En Hebrón, Absalón se hizo proclamar rey de Israel. Le apoyaban los jebuseos, los amonitas, los amorritas, los idumeos, los amalecitas, los cananeos, los hijos de Moab y un gran número de los habitantes de Jerusalén.

Cuando la noticia llegó a los oídos de David ofreció la gravedad de una herida gangrenada: "¡Israel marcha detrás de tu hijo Absalón!" Como era imposible intentar la cura sin desencadenar una infección incontrolada, el viejo pastor-poeta dio esta orden:

—Debemos abandonar nuestras casas y huir de quien cabalga con la espada blandida en contra de su padre. ¡Hemos de darnos prisa, para evitar que nos sorprenda el mal que inundaría de sangre esta ciudad santa!

Tras sus pasos marcharon todos los que le eran fieles. En palacio sólo se quedaron diez de sus concubinas, ya que no parecían correr ningún peligro. Sin embargo, se cuidó de llevarse el Arca de la Alianza, como testimonio de que seguía considerándose el rey de Israel. Trágica huida la suya: con los pies descalzos en señal de duelo, con el llanto agarrado al corazón y con el sentimiento de que había sido derrotado.

El tiempo jugó a favor del más noble

En la severa huida el rey David se encontró con unas grandes muestras de afecto y de odio, por parte de importantes personajes de su nación. Hubo quienes hasta le apedrearon, como Semeí, y otros que le brindaron los mejores alimentos, sin olvidarse de sus acompañantes, como hizo el anciano Barzilai. Lo cierto es que fueron más los amigos.

Hasta el punto de que el pastor-poeta se vio rodeado de un auténtico ejército. Esto le devolvió su astucia militar al intuir que existía una posibilidad de victoria. Así recurrió a los sacerdotes Abiatar y Sadoc, a los que ordenó que volviesen a Jerusalén con el Arca de la Alianza, para dar idea de que se rendían ante el poder de Absalón. Con este comportamiento podrían cumplir una importante labor de "debilitamiento del enemigo". No hay duda de que el tiempo jugó a favor del más noble.

Trágica huida la suya: con los pies descalzos en señal de duelo, con el llanto agarrado al corazón y con el sentimiento de que había sido derrotado.

Entonces hizo su aparición Cusaí, otro de los fieles aliados del rey David. Llevaba las ropas destrozadas y estaba cubierto de polvo, debido a que había cabalgado muy duro para unirse al grupo de los que huían. Siempre había sido uno de sus mejores consejeros, lo que todo el pueblo conocía. Una cualidad que podía ser bien aprovechada. Su soberano le dio unas instrucciones precisas:

—Debes conseguir que Absalón te vea lo antes posible. Demostrarás ser su partidario más incondicional, para que te una a su corte. Una vez estés a su lado, procurarás contrarrestar los consejos de Ajitofel. Has de tener presente que cerca de ti se encontrarán los sacerdotes Sadoc y Abiatar, a los que contarás todo lo que vayas averiguando. Tampoco olvides a Ajimas, el hijo de Sadoc, y a Jonatán, el hijo de Abiatar, pues ellos serán la cuerda que me unirá a mí con vosotros.

Los dos religiosos y Cusaí conocían muy bien los caminos, por eso llegaron a la ciudad antes de que lo hiciera el hijo rebelde. En seguida se cuidaron de vitorearle, con tanto entusiasmo que el hermoso de larga y negra cabellera pidió explicaciones a Cusaí. Como lo que escuchó terminó por convencerle, le convirtió en su consejero.

La más brutal ofensa

En el momento que Absalón entró en Jerusalén se consideró el rey de Israel. Para que esta idea se hiciera más firme en su mente, sin ningún margen de duda, Ajitofel le propuso que se acostara con las diez concubinas de David:

—Así demostrarás a todo el pueblo que has roto definitivamente con tu padre, ¡y todos los que te seguimos nos sentiremos más fuertes!

"Acostarse con las concubinas" de David suponía la más brutal ofensa que se le podía causar: al tomar el hijo lo que había sido del padre dejaba claro que le consideraba muerto, inexistente.

En seguida Absalón ordenó que se levantara una tienda en el terrado de la casa real. Allí mismo, delante del pueblo, se acostó con las concubinas de David. Para que se hiciera realidad lo que había dicho el profeta Natán:

"...Tu casa se verá inundada de calamidades, y todas tus esposas te serán arrebatadas para entregárselas a otro, que se acostará con ellas a la luz del día. Porque tú pecaste en la oscuridad de la noche. Mis órdenes serán cumplidas delante de todo Israel, y bajo la luz del sol..."

Los engañosos consejos de Cusaí

Ajitofel volvió a ofrecer sus consejos a Absalón: atacar a David de inmediato con un ejército de doce mil hombres, que él mismo mandaría. De esta manera se podría evitar que reuniese más fuerzas. No obstante, delante se encontraba Cusaí, al que se le pidió opinión. Como es lógico se mostró contrario a una batalla "tan precipitada", debido a que el enemigo conocía demasiado bien el terreno y ya habrían organizado sus defensas. Lo más acertado era esperar a recibir refuerzos, para salir de Jerusalén en el momento que se pudieran reunir "más de veinte mil hombres".

Afortunadamente para David fueron aceptados estos engañosos consejos. Horas más tarde, uno de los sacerdotes espías se puso en contacto con una muchacha, para que llevase un informe a Jonatán y Ajimas, debido a que éstos no habían entrado en la ciudad. Ella consiguió establecer contacto con los mismos. Sin embargo, alguien los vio y se organizó su persecución inmediata, tan enconada que debieron esconderse en un seco pozo artesano, cuya boca una aldeana cubrió con sucio paño. De esta manera lograron escapar, para contar a su soberano los planes de los sacerdotes: debía cruzar el Jordán con toda su gente y seguir hasta Majanaín, donde contaría con los mejores aliados.

Nada más llegar a la ciudad amiga, se pudo establecer un sólido campamento. Allí recibieron todas las provisiones que necesitaban: trigo, cebada, grano tostado, harina, habas, lentejas, legumbres, manteca, miel, ovejas y queso. También se les unieron casi treinta mil hombres, bien pertrechados con caballos, lanzas, espadas, saetas y otras armas y defensas.

La humillante muerte de Absalón

Para este apartado nos serviremos del magnífico texto de Juan Bosch, quien en su libro "David" ofrece esta versión del momento histórico:

David dividió en tres grupos las fuerzas que pudo levantar; uno lo puso al mando de Joab, otro al de Abisal y un tercero al del hitita Itaí. A todos ellos les pidió, de una forma conmovedora, que preservaran la vida de Absalón. Desde las puertas de Majanaím, que eran dos y estaban una junto a la otra, vio desfilar a sus hombres y despidió a los jefes de millar y de centena que él mismo había designado. Seguramente no quiso participar en la acción porque su angustia debía ser grande.

La batalla se decidió pronto en favor de las huestes de David. Las tropas de Absalón huyeron por los bosques a las primeras acometidas "fueron más los que devoraron los árboles y las bestias salvajes que a los que aquel día hirió la espada (II Sam: 18:8). A pesar de esta afirmación, los textos dicen que la matanza fue de veinte mil almas.

El destino del hermoso Absalón resultó lamentable. Su cabellera, ese pelo que le hacía verse lleno de majestad, causó su desgracia. Pues iba él en su caballo, que era la cabalgadura real, cuando se halló con gente de su padre, y quizá tratando de esquivarla metió a la bestia bajo una encina de copioso ramaje; en ese ramaje se le enredó el pelo, huyó el caballo asustado y Absalón quedó colgando "entre el cielo y la tierra", según dice el texto bíblico, una manera de lo más ridícula de estar para un hijo de rey que se creía caudillo de su pueblo. Era como si la tierra de Israel hubiera tenido alma y además un brazo gigantesco en forma de encina, y con ese brazo apresara por el pelo al ambicioso Absalón para suspenderle sobre los campos desolados, como diciéndole "¿Piensas tú, que no has hecho méritos, sino que has manchado tu vida con la sangre de tu hermano, que vas a reinar sobre esas tierras que durante cientos de años han visto a mi pueblo luchar y se han mojado con el sudor y han dado sepulcros a sus muertos?"

Uno de los hombres de David corrió hasta Joab para decirle que había visto a Absalón colgando de una encina "¿Y por qué no le echaste a tierra, y yo te hubiera regalado diez siclos de plata y un talabarte?" le preguntó Joab (II Sam, 18:11). A lo cual respondió el otro, que por nada del mundo lo habría hecho, puesto que él y todos sus compañeros oyeron a David pedir que respetaran la vida de su hijo.

El destino del hermoso Absalón fue lamentable. Su cabellera, ese pelo que le hacía verse lleno de majestad, causó su desgracia.

Pero Joab pensaba de otra forma. Por algo él había hecho volver a Absalón desde Guesur; él mismo había ido a buscarle; él solicitó de David el perdón para el hijo castigado. Suyo era el derecho de darle muerte. Demasiado hecho a la guerra para no saber cuándo había peligro; demasiado leal a su tío, el rey, para no darse cuenta de que si Absalón seguía viviendo un día daría muerte al padre. Joab, con más de treinta y cinco años al servicio de David y probablemente con sesenta de edad por esos días, pensó sin duda que era mejor liquidar de una vez por todas las amenazas. David y él envejecerían muy rápidamente para poder encarar el porvenir con el peligroso Absalón vivo. Joab, pues, se dirigió a la encina, y como quien dispara sobre una fiera sujeta, atravesó a Absalón con tres dardos; después sus guardias bajaron del árbol el cuerpo sangrante, fruto de espanto, y ya en tierra procedieron a rematarlo. La rebelión de Absalón había terminado. En un hoyo hecho aprisa en medio del bosque tiraron al que tan hermoso fue y tan ambicioso; luego cubrieron con piedras sus despojos, y sonó la trompeta llamando a los guerreros.

Quiso Ajimas, el hijo de Sadoc, ser quien le diera a David la noticia de la victoria, pero Joab, que recordaba lo que le había ocurrido al mensajero que le hizo saber la muerte de Saúl, no le permitió ser el portador de una nueva tan dolorosa. A pesar de esto, Ajimas salió tras el hombre designado por Joab para la misión. David esperaba fuera de las murallas de Majanaím, sentado entre las puertas. El centinela que se hallaba encima le gritó que un hombre solo corría hacia ellos; David, que conocía la manera de comportarse de la gente, dijo que sin duda llevaba buenas noticias. Si un hombre corre es para anunciar victoria; la derrota se anuncia por sí misma, y no es uno quien la difunde, sino muchos fugitivos.

Los alaridos del rey David

Cuando el rey David fue informado de la muerte de Absalón, su garganta comenzó a liberar mil alaridos de angustia. Hombre apasionado en sus sentimientos, no mostró ningún pudor en proclamar que hubiese preferido sucumbir él mismo en la batalla antes que haber perdido a su hijo.

Este comportamiento provocó el escándalo de las gentes que volvían a la ciudad, ya que nadie lo comprendía... ¿No era obligación de un padre defender a su familia de los ataques de un hijo enloquecido? ¿Es que la pérdida de tantas vidas ni siquiera merecía un trato muy distinto a ese de centrarse obsesivamente en una sola? Y de nuevo debió ser su sobrino el general Joab quien acudiera en su ayuda, al formularle este reproche:

—Hoy estás cubriendo de vergüenza el rostro de todos los siervos que han salvado tu vida, la de tus hijos y de tus hijas, la de tus mujeres y concubinas, amando a quien te odia y odiando a quien te ama. Hoy has demostrado bien que nada te importan: ni los jefes, ni los soldados, porque se ha comprobado que, si viviera Absalón y todos nosotros hubiésemos muerto, entonces te mostrarías contento. Ahora será mejor que te levantes, salgas y hables al corazón de tus hombres, porque te juro por Yahvé que si te niegas a hacerlo no quedará contigo esta noche ni un solo hombre; y esto sería para ti el mayor de todos los males que hayan caído sobre tu conciencia desde tu juventud hasta hoy.

Esto sirvió para que el soberano de Israel se diera cuenta de la realidad. Fue a sentarse en la puerta para que el ejército le viese. Así todos sus partidarios se sintieron reconfortados al comprobar que volvían a contar con un rey que sabía ocupar su puesto como "inspiración de su pueblo". Más tranquilo el pastor-poeta ordenó que le preparasen el baño. Se aseó, vistió nuevas ropas, hizo que le ungieran y se sentó a comer. Aquella misma tarde ordenó el regreso a Jerusalén. Sin embargo, le costaría años recuperar parte de su poderío, ya que la desconfianza nacida en Israel por su falta de dureza, al no haber castigado a todos los que se levantaron en armas junto a Absalón, le había debilitado gravemente.

Es posible que le hubiese calmado, en parte, conocer que Ajitofel, el consejero de Absalón, se acababa de ahorcar y que algunos de los jefes rebeldes se hallaban en el exilio. Otro de los amargos tragos que soportó fue saber que las diez concubinas habían sido "violadas por su hijo". Para no recordar esta humillación, ordenó que todas ellas fueran llevadas a las habitaciones más alejadas de la suya, donde recibirían los mejores tratos; sin embargo, jamás quiso verlas.

IV. EL REY SALOMÓN

Las dudas de un anciano

El rey David ya era un anciano herido por las enfermedades y los remordimientos. Como todo hombre con espíritu de pastor, la pérdida de tres de sus hijos, dos de ellos de una forma violenta y otro, Dodiya, por culpa de una enfermedad desconocida, le había convertido en un ser indeciso respecto al destino de su trono.

Por su mente ya estaba pasando la idea de retirarse; pero se hallaba enfrentado al dilema de elegir entre Adonías, un hijo que le había dado su concubina Agit, y Salomón. Cierto es que ésta no era una cuestión que le preocupase excesivamente, al encontrarse dedicado al reforzamiento de su reino. Desde hacía años disponía de todos los poderes, ya fuesen militares, sociales y religiosos, y se encargaba directamente de la recaudación de los impuestos. Puede afirmarse que Israel era un país muy rico.

En aquellos tiempos las familias más importantes se hallaban divididas en dos bandos, que algunos historiadores han considerado una especie de partidos de intereses: uno defendía los derechos sucesorios de Adonías y otro los de Salomón.

Es posible que la cuestión hubiese permanecido adormecida de no haberla despertado Adonías con sus continuas exhibiciones. Montado en un impresionante carro de guerra no dejaba de proclamar que era el nuevo rey. Al principio su padre le disculpó estas muestras de orgullo, con lo que dio pie a que su hijo se envalentonara.

¡Hay que localizar a Salomón!

No hay duda de que Adonías era el primogénito, después de la muerte de sus hermanos mayores. Contaba unos treinta y cinco años, no destacaba por su inteligencia y sí por su ambición. Pero se le consideraba muy atractivo, cosa normal en la familia de David, pues la componían unos hombres y unas mujeres de una belleza excepcional, acaso los ejemplares más perfectos en su aspecto físico.

Cierto día Adonías organizó un banquete en la fuente de En-Roguel, e invitó al general Joab, al sacerdote Abiatar y a sus demás hermanos, excepto a Salomón. Antes de esta celebración se pensaba realizar un holocausto de bueyes, becerros y ovejas en el templo de Yahvé. La carne de las reses sería servida en las mesas, alrededor de las cuales se pensaba reunir a varios centenares de comensales. Un instante óptimo para que el anfitrión se proclamara rey de Israel ante todos sus seguidores.

Como el profeta Natán supo adivinar las intenciones de este festejo, al momento fue en busca de Betsabé, a la que encontró en sus aposentos. Desde hacía años había dejado de ser la esposa favorita del rey David, especialmente desde que la sunamita Abisag era quien le calentaba la cama. No obstante, seguía ejerciendo una cierta influencia en las decisiones de su marido relacionadas con el mantenimiento interno de la casa real.

—Debes llamar a Salomón —aconsejó el profeta con un tono apremiante—. Ha llegado el momento de que recordemos a su Majestad la promesa que hizo de que tu hijo iba a ser su sucesor.

—¿Tan grave es la situación, viejo amigo? —preguntó la mujer, a pesar de que se hubiera podido ahorrar las palabras al ver la ansiedad alojada en los ojos del aliado.

—¡Se halla en juego su destino! ¿Sabes dónde se encuentra ahora?

—Eres su tutor desde que vino al mundo. ¿No es tuya la obligación de conocer en todo momento lo que hace?

—Ya tiene casi veinte años, ¡y desde que cumplió los quince se mueve solo! ¿Cuántas veces ha visitado Egipto en todo este tiempo?

—Más de tres, como ha demostrado al traerme unos valiosos regalos de aquellas lejanas tierras —reconoció Betsabé muy nerviosa—. Perdona mi reproche, porque he debido recordar que actualmente sólo ejerces como su consejero. ¿Crees que se encontrará lejos de palacio?

—No lo sé... Aunque recuerdo que anoche le vi con una bella joven cananea. Quizá no haya salido de Jerusalén... ¡Pondré en movimiento a todos nuestros aliados para que le localicen!

Adivinó la agonía de su padre

Azarel se sentó en el lecho, sin preocuparse de peinar con las manos su largo y negro cabello alborotado en tantas cabalgadas amorosas, unas veces siendo yegua montada y otras cumpliendo el papel de amazona. Miró al hombre que estaba durmiendo junto a ella, boca abajo y con el cuerpo desnudo, y pasó sus dedos por unas cicatrices de la espalda y los costados.

Sabía que eran el testimonio del enfrentamiento contra peligrosos enemigos, a los que aquel semidiós tan hermoso, alto y de pelo encrespado había dado muerte para defenderse de los asaltantes de caminos, aunque no hubiese podido eludir esas heridas. Besó la más reciente, que no tendría más de cuatro meses y rozó con las yemas de sus dedos las musculosas piernas.

—Poco duermes, ninfa de los valles —dijo él girando un poco la cabeza para mirarla—. Ahora son las doce pasadas de una mañana bañada de sol, pero sopla un ligero viento del norte. Si quieres volver con los tuyos antes del atardecer, deberé llevarte en mi mejor caballo porque lloverá con la llegada de la noche.

—Siempre tan sabio..., y tan certero. ¿Es que nunca te equivocas, Salomón?

—Sólo observo atentamente y deduzco. Cuando te vi ante el pozo, preocupada porque se había roto la cuerda con la que sacabas el agua, supe que estabas buscando un hombre que te supiera tratar como tu belleza exigía.

—¡Es tan fácil descubrirse ante ti, ser divino, cuando tu belleza a una le deslumbra! —exclamó Azarel, mirándole con una sonrisa agradecida—. Cambiaste la cuerda, arreglaste la pértiga y sacaste el agua, que se llevaron mis hermanas... ¡Para regalarme, luego, con la noche más extraordinaria de mi vida! ¿Cuántas veces has entrado en mi cuerpo, Salomón?

—Podría darte el número exacto; sin embargo, no es cuestión de contarlo... ¿Verdad que ahora te sientes más mujer que nunca?

—Tú me has permitido conocer goces que jamás creí que pudieran existir... Ha sido como si mi cuerpo estuviera lleno de tesoros, que me has hecho descubrir... ¡Ah, lo mucho que lamentaré que no vayamos a repetirlo, porque tu no acostumbras a acostarte con la misma!

—Te he abierto las puertas. Ya sabes lo que puedes dar y lo que deseas recibir. Busca un amante que te lo sepa proporcionar.

—Pero siempre se quedará muy corto a la hora de compararle con lo que tú podrías seguirme brindando... —Azarel compuso un mohín de niña traviesa, saltó fuera de la cama y dijo convencida—: La fortuna llegó a mi casualmente con tu presencia y ahora se marcha... ¿Por qué he de lamentarlo si me quedará un recuerdo imborrable?

Le besó en los labios, con la boca abierta; pero en esta ocasión él no aceptó el encuentro de las lenguas ni el intercambio de salivas. Un banquete del que se había saciado hacía unas horas. Era el momento del adiós. Se quedaban con la dulce evocación de unos instantes extraordinarios...

En aquel momento alguien llamó a la puerta.

—El golpeteo de los puños corresponde a Natán, el profeta —dedujo Salomón, mientras dejaba la cama con el cuerpo semicubierto con una colcha—. Está muy nervioso... ¡Ay, qué temo lo peor!

—Eso significa que no me acompañarás con tu caballo.

—Te llevarán dos de mis mejores servidores. Los conoces porque iban conmigo cuando nos encontramos en el pozo. Debes comprenderlo, Azarel... Creo que mi padre está agonizando.

—Comprendo tu situación y asumo mi papel. ¡Gracias por esta noche maravillosa! —susurró ella, estremecida al darse cuenta de que acababa de hacer el amor con quien muy pronto podía ser el rey de Israel.

Una conversación sosegada

—¿Cómo se encuentra el rey, maestro? —preguntó Salomón terminándose de vestir.

—¿Entonces sabes que sobre esa roca deseo construir un Templo que sea el asombro del mundo...? —inquirió David, dejándose llevar hasta la ventana por la que podría contemplar la colina de Osel...

—Mal; pero, ¿qué se te puede contar a ti que no deduzcas por un simple sonido o por un gesto que se intenta disimular? —dijo Natán, muy serio—. Hemos de ir a los aposentos de tu madre. Ella debe contarte algo muy importante.

—Te refieres a ese secreto que tú nunca has querido revelarme para que no me envaneciese, ¿verdad?

—¿Es que también has descubierto eso?

—Hace muchos años; no obstante, preferí demostraros que no me devora la impaciencia. La vida tiene sus ciclos que los hombres no podemos alterar.

—Siempre me he dicho que tú nunca dejarás de asombrarme, Salomón.

Estaban hablando unos hombres muy inteligentes, verdaderos camaradas a pesar de que hubiese treinta años de diferencia entre las edades de ambos. Mientras tanto, no dejaban de atravesar estancias del palacio, donde los servidores y las doncellas los contemplaban con el presentimiento de estar asistiendo a un momento crucial.

Llamaron en la puerta de los aposentos de Betsabé y entraron sin esperar el permiso. Ella permanecía sentada, dentro de una habitación materialmente desnuda de ornamentos. Salomón la besó en las dos mejillas y, después, en las manos.

—¿Se lo has contado, Natán? —inquirió la dama de sesenta años, a la que la edad apenas había dañado en su belleza.

—No ha sido necesario, pues ya lo sabía desde hace mucho tiempo —respondió el profeta.

—Creo que mi hijo podría leer en nuestras mentes si se lo propusiera... —Seguidamente, se dirigió a Salomón—. Pero debes ignorar el momento cuando el rey David hizo su promesa de cederte el trono.

—En efecto, porque mi perspicacia no llega a tanto, madre.

—Fue cuando tú acababas de nacer. Le pareciste a tu padre tan fuerte y hermoso, que te consideró su digno sucesor, por encima de sus otros hijos. Ahora conviene que se lo recordemos... ¡Porque Adonías acaba de proclamarse rey delante de sus partidarios!

—Se ha precipitado, como siempre —dijo el más joven de los tres, sin que en su voz hubiera ninguna muestra de crítica interesada.

—Debemos ir al dormitorio de quien continúa siendo nuestro soberano —aconsejó Natán.

No hacía calor en aquella estancia, ni tampoco frío. Estaban solos en la zona de sombras, en las fronteras del gran rectángulo de claridad que se dibujaba en el suelo enlosado. Se pusieron en movimiento con gestos serios, conscientes de que se hallaban en el umbral de otra etapa de la Historia.

Lo que importa es el Templo

El rey se encontraba en la cama, con la espalda recostada en unos almohadones y las llamas de unos pebeteros formando resplandores que se combinaban con los del sol. Estaba muy enfermo, le estremecían continuos escalofríos y era necesario aplicarle calor. Por eso se había escogido a Abisag, la joven concubina que se mantendría virgen, para que le ofreciese la temperatura de su cuerpo. En aquel momento se hallaba en la estancia.

—¿Qué os ha obligado a adelantar vuestra visita diaria? —preguntó el pastor-poeta—. ¿Y por qué venís juntos?

—He de hablarte, esposo mío —respondió Betsabé.

—Ya, ya... Debes salir de aquí, Natán. Al parecer lo que mi mujer y mi hijo van a proponerme es cosa de familia.

El profeta se limitó a obedecer en silencio. Cuando los tres se quedaron solos, la bella sesentona se arrodilló junto a la cabecera de la cama, cogió la mano derecha de su marido entre las suyas y dijo de una forma solemne:

—Ha llegado el momento de que te recuerde una promesa que salió de tus labios hace cuarenta años.

—Muy lejos llevas mis recuerdos cuando he olvidado lo que se me ha servido en el desayuno.

—Me refiero a que Salomón sea tu sustituto en el trono. Es necesario que tomes una decisión, David, antes de que tu reino se desmorone al hallarse dividido en dos bandos.

—Lo sé, lo sé... Ya he realizado mi selección; pero habéis hecho bien viniendo a advertirme del peligro... —Súbitamente, tuvo un golpe de inspiración unido a un reforzamiento de sus músculos, por eso hizo intentos de levantarse. Salomón acudió en su ayuda, a la vez que le cubría con una manta—. Cómo me recuerdas la rapidez de mis piernas cuando una oveja intentaba abandonar el rebaño, hijo. Tus brazos poseen una fuerza parecida a la roca que he seleccionado...

—¿Os referís a la roca que forma la cima de la colina de Osel, padre?

—Sí. ¿Cómo lo has sabido?

—He podido contemplar algunos de vuestros recorridos por esa zona. Pisabais con fuerza y medíais los pasos, luego llevabais los ojos a la tienda donde se guarda el Arca de la Alianza.

—¿Entonces sabes que sobre esa roca deseo construir un Templo que sea el asombro del mundo...? —inquirió David, dejándose llevar hasta la ventana por la que podría contemplar la colina de Osel—. Un Templo que convierta a Israel en un Imperio... ¡Y esa tarea sólo tú puedes realizarla, Salomón, ya que serás el nuevo rey!

—No me considero digno de reemplazaros, padre —dijo el elegido, dando muestras de la obligada humildad—. Nunca podría igualar vuestras proezas. Sois tan grande que en vuestros paseos nocturnos siempre se apaga una estrella avergonzada de poseer menos resplandor que su Majestad.

—¡Bravo, hijo mío! Sírvete de las palabras para halagar a los poderosos, y también para mantener en pie continuamente a tu pueblo. Pero mi resplandor es ya inferior al del último rescoldo de una fogata apagada. —Apoyado en el alféizar de la ventana fijó sus ojos en la colina de Osel—. ¡Cuántos años soñando con un gran Templo de piedra, firme y eterno! Constrúyelo por mí, Salomón. Israel lo necesita para adquirir conciencia de una raza, de una nación y de una historia universal. Lejos debe quedar la idea de que pertenecemos a un país de pastores nómadas. Conmigo se acabarán los "sin una tierra estable", y contigo surgirán los reyes de un Imperio... —En aquel momento se volvió hacia Betsabé, a la que dijo—. Haz que se reúna el Consejo del Reino. Bastará con que estén presentes dos de sus representantes, el profeta Natán y el sumo sacerdote Sadoc, para que nuestro hijo sea ungido como nuevo rey. Luego recorrerá Jerusalén sobre mi mula, para que las gentes sepan que tienen un nuevo soberano.

El terror de Adonías

La ceremonia de coronación de Salomón fue de lo más sencilla. Tuvo lugar en la fuente de Guijón, cuando Sadoc y Natán derramaron sobre la cabeza del hijo de David y Betsabé los óleos de Yahvé. Se hallaban presentes como testigos los representantes del ejército y de la guardia real: Banayas y Joyadas.

En seguida acompañaron a su nuevo monarca hasta donde se encontraba la mula real y le ayudaron a montar en la misma, ya que formaba parte del ritual. De esta manera quedó bien patente que el soberano tomaba posesión, en su totalidad, de Israel. Todo

Llegó Jonatán, el hijo de Abiatar, con una noticia que iba a dejarles desnudos de toda ambición:
—¡Salomón acababa de ser ungido rey por Natán y Sadoc en la fuente de Guijón!

lo que había pertenecido a su padre ya era suyo. Pero, ¿cómo reaccionaría el pueblo?

Las primeras gentes que vieron el paso de Salomón sobre la mula ya comenzaron a gritar con júbilo los "¡viva el rey!". Con tanta potencia de voz que fueron llamando la atención de los moradores de las casas más próximas. Así comenzaron a aparecer hombres y mujeres, también jóvenes y ancianos de ambos sexos, llevando palmas, guirnaldas de flores y otros ornamentos naturales. No tardaron los suelos en verse cubiertos de pétalos, al mismo tiempo que el clamor popular era un trueno cuyas resonancias superaban la ciudad, golpeaban contra las montañas y se esparcían por las colinas y valles...

¡Hasta llegar a los oídos de quienes se encontraban en los finales de un banquete que había durado más de un día! Adonías y sus partidarios tardaron en reaccionar, al encontrarse ahítos de alimentos y bebidas. Pero, ante la insistencia de aquellos sonidos tan insólitos, quien se creía rey de Israel debió preguntar:

—¿Qué causa ese alboroto en Jerusalén?

En aquel instante llegó Jonatán, el hijo de Abiatar, con una noticia que iba a dejarles desnudos de toda ambición:

—¡Salomón acaba de ser ungido rey por Natán y Sadoc en la fuente de Guijón! ¡Allí también se encontraban Banayas y Joyadas!

Esto significaba que todas las fuerzas vivas de la ciudad apoyaban la coronación, porque los gritos de la multitud así lo testimoniaban. La sensación de derrota llegó a tales extremos, cuando se había soñado tantas horas con la gloria, que se produjo la estampida de todos los comensales. Cada uno de ellos quería salvar su vida, ya que era imposible borrar el error tan inmenso de haber apoyado a un usurpador.

Adonías huyó de En-Roguel para ir a refugiarse en la tienda del Arca de la Alianza. Allí se aferró a los enormes cuernos que formaban el altar, pues era la única manera de que no se le diera muerte. Se sentía aterrorizado, porque lo único que podía recordar en aquellos momentos, de su hermanastro, era lo implacable que se mostraba con quienes le traicionaban.

Una primera muestra de piedad

Los historiadores han situado la coronación de Salomón en el 970 a.C. Cuando éste fue informado del comportamiento de Adonías, dio una primera muestra de piedad al decidir lo siguiente:

—Si se comporta de una forma leal, yo mismo me cuidaré de que ni uno solo de sus cabellos caigan en tierra. Pero, de ocurrírsele alguna traición, tendría que ordenar su muerte.

El nuevo monarca siempre había sido inflexible ante la mentira, el error intencionado y la deslealtad. Educado para vivir rodeado de la perfección, lo único que perdonaba era la equivocación por ignorancia, siempre que se cometiera una sola vez, y los fallos que se debieran a la casualidad o a lo inesperado. Había prescindido de muchos servidores, y hasta llegó a quitar la vida a una veintena de esos enemigos que le buscaron la espalda o intentaron atacarle de improviso.

Adonías era su hermanastro, tenían en común el mismo padre. Pudo hacer una concesión, aunque jamás permitiría otra.

Cuando tuvo delante al fallido usurpador, prosternado a sus pies y tembloroso, fue muy lacónico:
—Puedes regresar a tu hogar.

Es posible que tuviera muy presente que un rey jamás debe mostrarse excesivamente indulgente; y mucho menos perdonar a la serpiente que conserva su bolsa de veneno.

Cuando tuvo delante al fallido usurpador, prosternado a sus pies y tembloroso, fue muy lacónico:

—Puedes regresar a tu hogar.

Pero se negó a que el perdonado le besara en le mejilla. El lazo familiar podía considerarse roto, sólo existía la relación de rey y súbdito, aunque éste fuese muy importante por el hecho de que el David continuaba vivo.

Los últimos meses del pastor-poeta

Más de un año se aferró a la vida el pastor-poeta. Como en este tiempo pudo caminar, aunque pocas veces abandonase sus aposentos, comenzó a planear la edificación del Templo. Quizá muchos de los proyectos que en esas fechas fue concretando llevaran en su mente más de un lustro.

A medida que su reinado se había ido fortaleciendo, el hecho de que el Arca de la Alianza se encontrara guardada en una gran tienda, le llenaba de vergüenza. Porque ofrecía la imagen de un asentamiento temporal, el adecuado para quien no puede asegurar que el dominio del suelo le pertenecerá mucho tiempo.

Con los planes de la construcción del Templo las cosas cambiarían radicalmente. En seguida fue capaz de materializar el pórtico y algunas de las estancias "administrativas", así como las cámaras, la gran Casa de la Oración o el Propiciatorio. Siguió concretando los atrios de la casa de Yahvé y las habitaciones para el tesoro donde se guardarían los objetos sagrados.

Hemos de entender que debió contar con la ayuda de algunos dibujantes y arquitectos, los cuales trasladaron a los papiros las ideas del viejo monarca. Quizá también colaborasen con él algunos orfebres, dado que se encargó de diseñar varios utensilios de plata y oro de los que se emplearían en el Templo, sin olvidarse de especificar su peso y la combinación de los metales.

Cierta tarde, muy cerca de su lecho, recibió a Salomón y a varios de los hombres más importantes de Israel. Entregó los planos de una parte del Templo a su hijo y, bastante animado, habló claramente de su proyecto:

—Prestadme atención, hermanos míos. Yo tenía el deseo de construir un templo en el que pudiese habitar de manera estable el Arca de la Alianza de Yahvé, para el escabel de los pies de nuestro Dios; había realizado los preparativos para la construcción, pero Dios me dijo: "No construyas templo a mi Nombre, porque tú has sido hombre de guerra." Entre todos mis hijos, pues Yahvé me ha dado muchos, he elegido a Salomón para que se siente en el trono sobre Israel. Yahvé me dijo: "Salomón edificará mi templo y mis atrios, pues lo he elegido como hijo y yo seré padre para él. Afirmaré su reino para siempre si continúa firme en la práctica de mis mandamientos y ordenaciones como hasta hoy." Y tú Salomón, hijo mío, conoce al Dios de tu padre, sírvele con corazón entero, con ánimo bien dispuesto, porque Yahvé escudriña los corazones de todos y penetra en sus mas secretos pensamientos. Si tú lo buscas, Él se dejará encontrar; mas si tú lo abandonas, Él se retirará para siempre. Piensa ahora que Yahvé te ha elegido para que le edifiques una casa como santuario. ¡Sé fuerte y ponte manos a la obra!

"Has de aceptar que nuestro pueblo le debe a Yahvé una casa digna de su gloria. Un edificio que a todos nos enorgullezca. De momento, yo haré una donación de tres mil talentos de oro de Ofir y siete mil talentos de plata fina. Ahora espero que todos vosotros os mostréis muy generosos.

Puede decirse que nadie se quedó con una moneda en sus bolsas, además de prometer que triplicarían las cantidades que acababan de entregar. Una riqueza suficiente para que Salomón adquiriese la seguridad de que el proyecto de su padre no terminaría siendo una utopía. Desde aquel instante lo convertiría en el eje de su reinado.

Todavía hizo algo más David por su hijo, al que consideraba demasiado joven al tener nada más que veinte años. Pocas semanas antes de su muerte celebró un gran holocausto de mil becerros, mil carneros y mil corderos. Así hubo carne suficiente para todos los habitantes de Jerusalén. Allí se encontraban los grandes políticos, los sacerdotes, los militares, los mayores propietarios de tierras y una representación de las más importantes familias.

Esto supuso como una segunda investidura de Salomón. La definitiva, pues ya nadie discutiría su derecho a sentarse en el trono.

Las sentencias de muerte de un agonizante

No hay historiadores que se pongan de acuerdo a la hora de explicar cómo David se convirtió en un juez implacable mientras agonizaba. Quizá no quiso marcharse a la otra vida sin desahogar los rencores que tanto le pesaban. Por este motivo pidió a Salomón que le escuchase. Y cuando le tuvo delante "dictó estas sentencias de muerte":

—Tú que conoces la reciente historia de nuestro pueblo, no puedes haber dejado de observar que existen muchas cuestiones pendientes. Me refiero, en primer lugar, al comportamiento de Joab, hijo de Sarvia. Se excedió cuando actuó igual que un verdugo con los dos jefes del ejército de Israel: Abner, hijo de Ner, y Amasa, hijo de Jeter. Con el hecho de derramar la sangre inocente de éstos, convirtió la paz en guerra al mancharme los lomos y los zapatos que calzaban mis pies.

Lo que acababa de contar el anciano pastor-poeta era muy discutible, especialmente si se tenía en cuenta que Joab había sido su cómplice en más de un delito. Sin embargo, jamás le pudo perdonar que hubiese dado muerte a Absalón. Todavía quedaba otro "veredicto":

—Ten bien presente a Semeí, hijo de Guerra. Ese benjaminita de Bajurin que se atrevió a insultarme y a apedrearme el día que yo marchaba a Majanaín. Es cierto que a mi regreso se arrodilló, además de ofrecerme como desagravio la ayuda de mil guerreros. Por eso yo le dije: "Por Yahvé que no te haré morir a espada." Luego le tomé como mi consejero; pero nunca he podido olvidar su afrenta. Ésta no debe quedar impune. Como eres muy inteligente, hijo mío, sé que encontrarás la manera de tratarle para que sus canas vayan manchadas de sangre en el momento que sea metido en la tumba.

Cruel herencia la que se le estaba legando a Salomón, debido a que no echaría en saco roto estas "sentencias". Sólo esperaría un tiempo. Como una especie de alivio, también escuchó una recompensa:

—Ahora voy a pedirte que perdones la vida a los hijos de Barzilay, el galaadita. Procura que se conviertan en tus invitados en muchas de las comidas de palacio, porque ellos me atendieron bien cuando yo huía de tu hermano Absalón.

La muerte de David

Casi toda la familia masculina de David había muerto a espada; sin embargo, él lo hizo en la cama. Pudo ocurrir en el 968 a.C. Expiró en Jerusalén, con la seguridad de que el reino de Israel se hallaba plenamente consolidado y no dejaba de prosperar.

Se le dedicó un entierro digno de un héroe, porque iba a convertirse en uno de los grandes patriarcas de su pueblo. Momento de olvidar lo negativo de su historia, para que resplandeciese lo positivo. Pues esto podía ser comparado a toda una cordillera, mientras lo otro no dejaba de ser un reducido montículo.

La Historia se encargaría de agrandar la fama del pastor-poeta, uno de los Reyes que consolidaron el poderío de Israel. En su ciudad, los cronistas oficiales escribirían en homenaje al muerto esta intencionada redundancia: "Se quedó dormido David junto a sus padres y fue enterrado en la ciudad de David."

Muchos llamaban así a Jerusalén. No obstante, todos se olvidarían de que fue David quien impulsó la construcción del Templo, para concederle todo el honor a su hijo. La razón hemos de encontrarla en que éste fue un personaje deslumbrante, acaso el monarca más famoso y controvertido de Israel. Por lo tanto el que ofrece una biografía más apasionante.

V. AÑOS DE MUERTES Y PASIONES

La sutil trampa de Adonías

Semanas más tarde, cuando el periodo de luto se encontraba en una fase de relajamiento, Adonías fue a visitar a Betsabé. Antes le hizo saber su llegada por medio de dos embajadores muy discretos. La madre de Salomón le recibió en sus aposentos; no obstante, procuró mostrarse algo fría y no ordenó que se sirviera ningún refrigerio, lo que era habitual cuando la visita resultaba grata.

—Los que te precedieron me anunciaron que venías como amigo —recordó ella como una cierta medida de precaución.

—Nada malo te deseo, y mucho menos a tu excelso hijo, nuestro rey. Si me encuentro ante ti es porque voy a formularte una propuesta.

—Puedes decirla con toda sinceridad, ya que confío que sea fácil de resolver.

—Tú sabes que la corona me correspondía a mí; y todo Israel esperaba verme convertido en su soberano. Pero se me escapó por imprudente y, al final, fue a caer en la cabeza de mi hermano, porque así Yahvé lo quiso. Ahora deseo solicitarte un favor, que no quisiera que me negases.

—¿Qué deseas realmente?

—Te ruego que le digas al rey Salomón que me conceda a la sunamita Abisag como esposa. Es tan pequeño el favor que estoy pidiendo.

—Hablaré con el rey del asunto.

La promesa de Betsabé nació del desconocimiento de las tradiciones israelitas, por eso al salir de sus habitaciones, después de ver alejarse a Adonías, marchaba tan animosa. Cuando llegó ante su hijo, éste se levantó para recibirla, le dedicó una inclinación de cabeza en señal de respeto. Al momento volvió a sentarse en el trono, no sin antes pedir que se colocara un sillón parecido a su derecha, con el fin de que su madre ocupara el puesto de "la primera dama de Israel". Una vez estuvo acomodada, ella dijo:

—Vengo a solicitarte un pequeño favor que no creo puedas negarme.

—Yo jamás me opondré a nada que tú me solicites. ¿Qué deseas?

—Debes concederle a tu hermano Adonías la sunamita Abisag, pues desea hacerla su esposa.

Entonces Salomón cambió de color, sus manos se aferraron a los reposabrazos dorados del trono, hasta que los nudillos se quedaron blancos y tardó en responder. Cuando lo hizo su voz sonó tan helada como las aguas de un manantial de montaña:

—Sé que no te das cuenta de lo que se te ha obligado a pedirme. Sería como si le entregase a ese astuto el trono. Poseer a una sola de las concubinas del rey muerto, aunque éste haya tenido centenares y la elegida fuese virgen, significa hacerse dueño de todo el harén... ¡Y con éste obtener, además, la corona! Si yo no conociese las antiguas tradiciones de mi pueblo, aceptando tu petición habría renunciado al trono, en beneficio de quien sigue contando con el apoyo del sacerdote Abiatar y del general Joab, hijo de Seruyá. —Guardó silencio unos instantes, se quedó mirando hacia una paloma negra que acababa de posarse en el marco de una de las ventanas y, luego, musitó—: ¡Qué Dios no tenga piedad conmigo si dejo de hacer justicia! ¡Soy el legítimo heredero del Gran David! ¡El traidor Adonías no llegará a esta noche, porque alguien se encargará de desangrarlo!

De esta labor se cuidó Benayas, hijo de Yehoyada, que acababa de ser nombrado jefe de la guardia real. Como se consideraba más un servidor de su soberano que un hombre de acción, supo encontrar la manera de que la ejecución fuese rápida y fulminante. Para no originar un escándalo: pidió audiencia a la víctima, aceptó que le sirviera una copa de vino tinto y, mientras la recogía con la mano derecha, utilizó la izquierda para extraer la espada corta que ocultaba entre sus ropas. Al momento la hundió en el vientre que tenía delante.

De esta manera, quien había creído que le serviría una sutil trampa, terminó siendo enterrado en una tierra perdida, allí donde nadie podría colocar un distintivo para recordarle. Se le dio el mismo trato que a una alimaña, algo que la historia nunca reprocharía a Salomón; al contrario, se consideraría una forma de justicia: todos los historiadores están seguros de que si Adonías hubiera conquistado el trono, Salomón y Betsabé no hubiesen vivido ni un solo día más.

Para extraer la espada corta que ocultaba entre sus ropas. Al momento la hundió en el vientre que tenía delante...

El juez que perdona y condena

Había llegado el tiempo de cumplir las "sentencias dictadas" por David pocos días antes de fallecer. Salomón hizo que le trajeran al sacerdote Abiatar. Sentado en el trono, teniendo cerca al profeta Natán y algunos miembros de su séquito, contempló con gesto severo al anciano y, después, decidió con una voz nítida:

—Vas a cambiar de domicilio. Quiero que residas en tus tierras de Anatot, de donde nunca saldrás mientras te quede un aliento de vida. Debería ordenar que te diesen muerte por haber conspirado contra mí; pero no puedo olvidar que supiste defender el Arca de la Alianza, a la vez que acompañaste a mi padre en momentos muy difíciles. Con tu partida perderás, además, el cargo de sacerdote.

De esta manera el rey quedó libre de uno de sus peores enemigos, ya que al expulsarle de Jerusalén, sin ninguno de sus derechos sagrados, le desapareció toda su capacidad de influir en las familias que habían apoyado la sublevación de Adonías.

El siguiente paso de Salomón fue sentenciar a muerte al general Joab. Sin embargo, éste comprendió mucho antes la amenaza al enterarse de lo que estaba sucediendo. Entonces creyó que podía servirle buscar la misma protección que salvó, momentáneamente, a Adonías: esconderse en la tienda donde se guardaba el Tabernáculo, para agarrarse desesperadamente a los salientes en forma de cuernos del altar.

Cuando el rey fue informado del comportamiento de aquel traidor, únicamente le envío este mensaje con el jefe de la guardia:

—¿Qué temes cuando buscas amparo junto al Arca de la Alianza?

—He sentido miedo, por eso necesito el refugio que proporciona Yahvé.

Nada más escuchar esta respuesta, Salomón dictó una sentencia de muerte: Benayas atravesaría a Joab con una espada. Dado que la orden era así de escueta, el verdugo creyó que antes debía conseguir que la víctima se hallara fuera del lugar sagrado. Por eso le dijo:

—El rey te ordena que abandones este lugar.

—¡Jamás! ¡Estoy dispuesto a morir aquí mismo! —exclamó el que continuaba siendo un general, pues no había sido destituido, aunque no ejerciera.

Esta actitud del reo de muerte enojó a Salomón, hasta el punto de que alzó el tono de voz:

—¡Vas a complacerle matándolo allí donde se encuentra y, después, le enterrarás en lugar más apartado; pero lejos de donde se hallan los restos de Adonías! De esta manera quedaremos yo y mi familia libres de la sangre inocente que vertió ese traidor. ¡Que Yahvé haga recaer sobre su conciencia y la de su casta la muerte de dos hombres honrados, a los que asesinó a espaldas de mi padre David: el general Abner, hijo de Ner, y el también general Amasa, hijo de Yéter! ¡Y la paz del Señor ya siempre acompañará a mi padre, a sus descendientes, a su casa y a su trono!

Horas más tarde, Benayas ejecutó a Joab ante el Tabernáculo. Pero en este caso lo enterró en una zona esteparia, muy cerca de las propiedades que habían sido de la víctima. La verdad es que con este proceder no cometió ninguna falta, al guardarse para sí el lugar elegido. Este secreto le acompañaría hasta el final de sus días.

El implacable Salomón

El rey de Israel siguió manteniendo su actitud implacable, debido a que no quería iniciar las tareas de gobierno mientras quedase en Jerusalén algún personaje sospechoso de alimentar la traición. Con esta idea mandó llamar a Semeí, el terrateniente que se había burlado de la huida de David, a pesar de que después le ayudase brindándole mil hombres para su ejército. Al tenerle delante le dijo con la severidad de un juez que no admite discusiones:

—Te quiero ver lejos de la ciudad; pero puedes construirte una casa cerca. En ella permanecerás todo lo que te queda de vida. Ten muy presente que si un día se te ocurriera cruzar el torrente Cedrón, me obligarías a ordenar que te mataran. Quedas avisado. En el caso de que no respetases mis órdenes, tú serías el único responsable de las consecuencias. ¡Jura por Yahvé que me obedecerás!

—¡Lo juro por Yahvé! —respondió el anciano, sin poder evitar que se le escapara un suspiro de alivio ya que se había considerado hombre muerto—. Como el más fiel servidor cumpliré las órdenes de Vuestra Majestad.

Semeí nunca volvió a intrigar. Se limitó a mantener una gran actividad como colono. Pero no debía ofrecer un buen trato a sus esclavos, ya que a los tres años se le escaparon dos de ellos. Más tarde supo que se encontraban al servicio del filisteo Aquis, que era hijo de Maacá y rey de Gat.

Sin dudarlo ni un momento salió en busca de lo que le pertenecía. Pero, al darse cuenta de que debía atravesar el torrente Cedrón, detuvo a los hombres que le acompañaban. Sólo fue un momento de indecisión, hasta que se dijo que Salomón ya habría olvidado la prohibición que le impuso. Así que continuó su camino. Pronto localizó a sus dos esclavos. Dado que se hallaba en un país extranjero, debió pagar para recuperarlos.

Una vez volvió a sus tierras, se dispuso a iniciar la recolección de los cereales. Entonces se encontró con que llegaban ante su casa unos soldados de la guardia real, a los que debió acompañar por orden de Salomón. Esto le permitió comprender la gravedad de su desobediencia antes de escucharla en labios del soberano de Israel:

—¿No me juraste por Yahvé que nunca atravesarías el torrente Cedrón? Te advertí que perderías la vida en el caso de que no respetases esta prohibición, y a ti te pareció bien. Tuviste la oportunidad de redimir el daño que causaste a mi padre David; pero la despreciaste. ¡Ahora Yahvé hará recaer su venganza sobre ti! ¡Con tu ejecución, el trono de nuestra familia permanecerá limpio ante el Señor por siempre!

Nada más pronunciar la última palabra, el monarca implacable buscó con una mirada a Benayas, el jefe de la guardia real, y le dio la orden de ejecución. Allí mismo, en la sala del trono, el último enemigo fue abatido por una espada certera.

Con esta ejecución, el reino de Salomón se halló libre de cualquier tipo de amenazas internas, al no quedar con vida ninguno de los más poderosos partidarios de Adonías. El tiempo de la venganza había cerrado su última puerta. Desde aquel momento ya se podía pensar en las tareas propias de un largo periodo de paz: administración política, diplomacia, comercio exterior, desarrollo de las bellas artes y fortalecimiento de la religión. Sin olvidar la prosperidad del reino hasta convertirlo en un Imperio; no obstante, esta empresa se hallaba todavía muy lejos de ser obtenida.

Salomón dictó una sentencia de muerte: Benayas atravesaría a Joab con una espada...

La fascinación de Egipto

Salomón había aprendido a amar Egipto desde que era un niño. Cuando Natán le enseñaba matemáticas y geometría, lo hacía tomando como referencia las pirámides. De ahí que el estudiante soñase con viajar a las orillas del Nilo. En el momento que lo logró, siendo un adolescente, pudo comprobar que la realidad era muy superior a todo lo que había supuesto. Lleno de fascinación aprendió aquella lengua y, en seguida, dedicó casi todo el dinero que llegaba a sus manos para comprar papiros, estatuillas e infinidad de testimonios de una civilización ejemplar.

Sin embargo, sólo su maestro conoció esta afición casi obsesiva, debido a que al pueblo de Israel acaso la hubiese considerado perversa por no haber olvidado el Éxodo: cuando sus padres debieron huir de Egipto contando con el apoyo de Yahvé, lo que no evitó muchas muertes y, después, un largo peregrinaje de cuarenta años hasta encontrar la tierra prometida.

Una gran parte de la sabiduría de Salomón provenía de aquel imperio pagano: sus conocimientos astrológicos, saber la hora del día por la observación de las sombras que proyectaban los árboles o los edificios, el nombre de las estrellas, el manejo de los caballos, poder trazar un zodiaco, alejar a los espíritus malignos y obtener provecho de los benignos golpeando pieles de felinos con varas de avellano y muchas otras cosas más, algunas de las cuales rozaban la brujería.

—Voy a casarme con una princesa egipcia —decidió una tarde que se encontraba dando de comer a una cría de leopardo.

Betsabé miró al profeta Natán, para comprobar si iba a contar con su apoyo, y después ofreció su opinión:

—Debemos suponer que la conoces, sabes su nombre y consideras que no se negará a aceptarte como marido. ¿Podemos saber cuando la viste?

—En mi último viaje, hace dos años. Me robó el corazón. De buena gana la hubiese raptado; no obstante, pensé que con mi conducta hubiese desencadenado una guerra.

—Pero ella no te conoce a ti personalmente, ¿verdad? —intervino el profeta—. Muy seguro debes estar de que no serás rechazado cuando te encuentras dispuesto a enviar a los embajadores para solicitar la mano de esa princesa.

—Se llama Neftis, es tan hermosa como un amanecer en Jericó y su piel ha sido besada por el sol, porque irradia luz y fertilidad. —Esperó a que sus siervos le trajeran un paño para limpiarse las manos, pues tenía en los dedos restos de carne cruda, y luego prosiguió—: Lo que os cuento no debe salir de aquí, pues es un secreto de estado. Amo a esa egipcia de ensueño; sin embargo, el matrimonio lo consideraré un acto diplomático: mi futuro suegro es el faraón Psusennes II, que pasará a convertirse en un aliado de Israel. De esta forma habré sellado un tratado de paz con el más peligroso de mis enemigos.

—No existe ningún litigio entre nuestras naciones —recordó Natán.

—Pero es posible que surgiera en el momento que mis proyectos comerciales se hagan realidad. Siempre es más acertado prevenir el mal que verse obligado a curarlo.

—Cuentas con todo mi apoyo, aunque hubiese preferido que eligieses una mujer de nuestro pueblo...

—¡Madre!

—Lo siento, hijo... Digo Majestad... Ya soy vieja y a veces no puedo controlar mi lengua. Pero todo lo que hagas me parecerá bien.

—También cuentas con mi apoyo —afirmó Natán.

—Estaba seguro de que iba a disponer de vuestra ayuda —bromeó Salomón para aliviar la tensión del momento; sin embargo, al instante recuperó la seriedad—: Ahora debo pediros que me ayudéis a convencer a mi pueblo. Corred la voz entre nuestros aliados más importantes de que el paso que va a dar su rey, al casarse con una princesa egipcia, es por el bien de Israel.

Resultaba necesario extender el rumor para que las gentes se fueran acostumbrando a la novedad. Salomón confiaba plenamente en que la jugada le fuese totalmente favorable. Pero, ¿qué sucedería si brotara el odio ancestral aún no olvidado?

El entusiasmo del Faraón

Había llegado la hora del crepúsculo. La princesa Neftis se hallaba recostada en un lecho con figura de león, cuya abundante melena formaba la cabecera. Al verla se podía comprender que algo le inquietaba, debido a que la actividad en palacio había aumentado demasiado desde la llegada de los extranjeros. Fijó sus ojos en los fuegos que se estaban encendiendo en lo alto de las torres, al otro lado de los jardines y los estanques, como puntos de referencias para los barcos que navegaban por el Nilo.

Se diría que en la amplia terraza se ahogaba. Las esclavas etíopes aguardaban unas órdenes que no llegaban. Mientras tanto, ella parecía haber olvidado que era una joven preciosa, dueña de un cuerpo esculpido por los dioses, con unos ojos ligeramente rasgados, a los que un hábil maquillaje aumentaba su tamaño y su verdor, lo mismo que una ligera coloración conseguía que los labios resultaran toda una fruta en sazón, la más deliciosa.

Súbitamente, se dio la vuelta y contempló la entrada del Faraón Psusennes II, su padre. Llevaba el vestido talar verde y amarillo de las fiestas más señaladas, se coronaba con la diadema bermeja y la blanca mitra e iba calzado con las doradas sandalias de puntas curvas y levantadas. Alargó sus manos a la espera de recoger las femeninas; sin embargo, éstas se hicieron rogar.

—¿Es posible que esté pasando por tu cabecita, luz de mi vida, que deseo tu mal? —preguntó con un entusiasmo contagioso—. ¡Vas a ser la esposa de Salomón, el rey de Israel!

—¿¡Salomón...!? —exclamó la princesa, a la vez que se llevaba la mano derecha a la boca—. ¿Os referís al espía?

El Faraón rompió a reír con ganas. En el momento que se contuvo, se cuidó de explicar sin dejar de sonreír:

—Pues sí, el espía. Recuerda que mis guerreros le dejaron asomarse al jardín, para que te contemplase mientras tú te encontrabas en el parque. Yo sabía que andaba por la ciudad de incógnito, sin dejar de comprar objetos inofensivos, muy pro-

Estatua de una princesa egipcia. Así pudo ser la primera esposa de Salomón...

pios de un buen estudiante. Cuando alguien le habló de tu hermosura, supe que no tardaría en querer comprobarlo con sus propios ojos. Mis guerreros le seguían de cerca, pero sin dejarse ver. Así pudo comprobar Salomón que mi hija era la joya más valiosa de Egipto...

—¡Pero yo no le conozco, padre! —brotó el reproche de los labios femeninos, aunque en seguida cambió de actitud—. ¿No me estaréis engañando con todos los elogios que habéis dedicado a Salomón en estos últimos meses?

—Creo que un hombre, aunque sea un Faraón, siempre se queda corto al describir a otro hombre, especialmente cuando éste reúne todas las perfecciones físicas que se pueden imaginar... ¡A la vez que una audacia y unas ganas de saber admirables!

—Entonces debo comprender que la inquietud que me dominaba era fruto de un golpe de intuición, como si hubiera adivinado que mi vida iba a cambiar radicalmente con la llegada de esos extranjeros.

—Son los embajadores de Salomón. Me han entregado valiosos tesoros, después de que yo diese mi aprobación a la boda del rey de Israel con mi bellísima hija, la princesa Neftis.

—¡Padre mío, con tu entusiasmo has conseguido que me sienta enamorada de ese "semidiós" israelita, al que creo conocer a pesar de que nunca le haya visto! —exclamó ella, temblorosa de excitación—. ¡Qué papel más desigual el nuestro: él sabe lo que va a conseguir, porque ha podido contemplarme, mientras yo me he conformar con lo que tú me has contado!

Sin embargo, ya estaba riendo, como el Faraón Psusennes II, en una combinación de emociones cargada de sólidas esperanzas.

El encuentro de dos seres excepcionales

La princesa Neftis dejó atrás el palacio con toda su corte. Nunca había viajado hacia el Este. Ocupaba el carro central de la comitiva formada por unos veinte impresionantes vehículos. Le abanicaban unos esclavos con altos flábelos de espeso plumaje. Cerraban la marcha cien camellos y doscientos caballos cargados con un sinfín de riquezas que el Faraón obsequiaba al rey de Israel.

El viaje iba a ser largo, sobre todo para la mujer que anhelaba poder comprobar si la realidad respondía a lo contado. A las dos semanas de seguir una dirección noroeste llegaron a la desembocadura del Nilo. Allí esperaban dos navíos: en el más grande iría la princesa y en el otro todos sus servidores y los regalos.

Antes de embarcar, Neftis se pudo dar un baño, bien atendida por seis doncellas. La cuidaron mejor que a la alhaja más valiosa, pues se hallaban unidas a ella de por vida. Conocían todos sus gustos y la adoraban, debido a que nunca las regañaba injustamente. Por último, la vistieron con las mejores galas y la perfumaron con áloe y cinamomo.

Ya se encontraba lista para subir a la nave, donde iba a disponer de una gran cámara muy parecida a su estancia en el palacio del Faraón, aunque más reducida. Las paredes se hallaban pintadas con motivos religiosos y simbólicos y la cama era de marfil, con un somier de las menos duras hojas de palma y almohadones de lapislázuli. Sin que faltaran las cortinas de hilo tejido en forma de red para impedir el paso de los mosquitos, tan abundantes en aquellos lugares.

Días más tarde, en un puerto que los historiadores no han sabido localizar, se produjo el encuentro de dos seres excepcionales. La princesa Neftis se quedó sin aliento, debido a que el rey Salomón era mucho más atractivo de lo que imaginaba. Además, parecía un atleta y llevaba la túnica corta, se adornaba con collares y brazaletes y en su cabeza se veía una pequeña tiara.

—¿Te encuentras cansada, querida? —preguntó el monarca igual que si se conocieran de toda la vida.

—Un poco... —susurró ella, no pudiendo dejar de mostrar su asombro—: ¿Cómo hablas mi lengua sin ningún acento?

—La aprendí mientras me describían tu excelsa hermosura. ¡Debo reconocer que has sido mi inspiración!

El amor transforma a los humanos en dioses

Salomón y la princesa egipcia se concedieron un descanso, para encontrarse aquella misma noche. En ese momento en que la luna plateaba las arenas del desierto, el aire movía ligeramente las cortinas de la tienda fastuosa que iba a servirles de dormitorio y el ambiente olía a incienso fresco y a mirra.

Neftis apareció allí discretamente maquillada con azulete en sus pestañas y pintadas de rojo las uñas de sus manos y pies. Llevaba un vestido casi transparente de fino lino y se peinaba con una perfumada peluca, tan propia de su país. Toda ella era sensualidad ofrecida. No le importaba si en su matrimonio faltaba la ceremonia nupcial, porque desde el momento que su padre le comunicó que iba a convertirse en la esposa del rey de Israel ya se consideró casada con él.

Le vio entrar llevando la media túnica, descalzo y oliendo a él mismo, sin disimulos de perfumes. Se notó ligeramente molesta por no haber hecho lo mismo. No obstante, al sentirse besada en los labios, ella que nunca había conocido el amor carnal, se estremeció por completo... ¿Cómo se notaba tan confundida? ¿De dónde nacía ese enervamiento que la estaba anulando? ¿Acaso iba a convertirse en la víctima de un gran hechicero...?

Muy despacio, de la misma forma que una iniciada en la religión más natural, fue siendo llevada a otra dimensión del trato humano: descubrir que su marido no iba a tomar nada que ella no quisiera voluntariamente entregarle; y, al mismo tiempo, que iba a recibir tanto o más de lo que pudiese brindar. Cuando esta idea la hizo suya, sin ningún tipo de duda, se dejó conducir por esa pendiente amorosa, en la que al final se desea convertir a la pareja en un sólo cuerpo.

Así pudo ser desflorada, para que se diera cuenta de que el amor transforma a los seres humanos en dioses. Después...

Sintió el deseo imperioso de aprender tanto como Salomón de aquel juego divino, para devolver las caricias, los besos y los abrazos con parecida maestría. Aunque le duraba tan poco la razón, al sentirse enloquecida por esos contactos que se producían en las zonas más vulnerables de su cuerpo...

La princesa Neftis se quedó sin aliento, debido a que el rey Salomón era mucho más atractivo de lo que imaginaba...

VI. EL PRIMER CONTACTO CON YAHVÉ

Jerusalén aceptó a la princesa egipcia

Puede decirse que la boda entre el rey Salomón y la princesa egipcia no se hizo oficial hasta llegar a Jerusalén. Todo el pueblo se hallaba en las calles, expectante por lo que se había contado. Pero el paso de la comitiva real resultó tan espectacular, debido a los deslumbrantes ornamentos que cubrían los cincuenta carros, los trescientos camellos y los doscientos cincuenta caballos, unido a las tres compañías de soldados israelitas, así como la representación de soldados egipcios, que los aplausos y las exclamaciones de júbilo se generalizaron.

Dos noches más tarde, se celebró el banquete de bienvenida. Antes de que los comensales entraran en el inmenso comedor, para cuya instalación se habían derribado dos paredes interiores del palacio, Salomón besó en la cara a sus más importantes invitados y, luego, les lavó los pies de acuerdo a la tradición hospitalaria del país.

Nada faltó en la mesa: pichones, perdices, alcaparras, corderos, bueyes y otros platos, todos ellos asados al estilo hebreo, lo que suponía fuego pausado y leña de sarmiento. Tampoco faltaron los mariscos de la calidad de la langosta, algunos de ellos rociados con miel. Los vinos fueron muy selectos.

Pero todo lo anterior quedó empalidecido en el momento que hizo su aparición Neftis: tan deslumbrante como un sueño paradisíaco, con un vestido largo de lino tejido por las bordadoras de su país, llevando joyas de oro y una peluca que le daba el aspecto de una diosa. Las mujeres israelitas se sintieron empequeñecidas en su aspecto externo, debido a que en Jerusalén nunca se había contemplado nada parecido.

Salomón acudió a recibir a su esposa. La cogió de la mano y la llevó a su asiento, que estaba provisto de un dosel, igual que el suyo. Entonces intervino el mayordomo de palacio, con el fin de proclamar que la boda ya era una realidad. Esto permitiría que Egipto e Israel se convirtieran, a partir de aquel momento, en los aliados más fieles. Después continuó la fiesta...

Pero la fiesta se ensombreció, parcialmente, a los pocos días, cuando el pueblo comenzó a saber que la princesa egipcia había traído estatuillas de sus dioses, a los que adoraba en privado. Quizá fuese este hecho, que no quisiera hacer ostentación de sus creencias, lo que permitió que las gentes terminaran por considerar que sólo era una falta menor. Algo que seguramente terminaría por corregir el mismo rey Salomón.

El don divino de la sabiduría

El Arca de la Alianza se encontraba en una tienda de campaña, que nunca podía ser considerada un templo. Los israelitas debían buscar las cimas de las montañas próximas a Jerusalén para celebrar sus sacrificios. Se quemaba incienso y, luego, se rezaban las oraciones obligadas. Todo con una gran devoción.

Una tarde, el rey ascendió a la ermita de Gabón para cumplir con sus obligaciones religiosas. Allí realizó sus holocaustos; pero solo y sin ningún distintivo de su cargo. Era un hombre más, con la humildad propia de quien estima que toda la grandeza le pertenecía a Yahvé. Como permaneció mucho tiempo en el lugar, el cansancio debió rendirle y se quedó dormido.

Situación ideal para que se le apareciese Dios en sus sueños, lo que no le provocó ningún sobresalto. Como si el diálogo que iba a producirse se fuera a mantener entre unos amigos.

—Pídeme lo que desees —ofreció Yahvé.

—Tú le hiciste una gran promesa a tu siervo, mi padre David —dijo Salomón—, gracias a que siempre había seguido el camino que le marcaste respetando la lealtad, la justicia y la nobleza de corazón. Cumpliste tu promesa al concederle un hijo que ahora se sienta en el trono de Israel. Debo reconocer, Dios mío, que pese al poder que me has concedido, me faltan recursos para gobernar un pueblo tan inmenso, casi imposible de contar y calcular. Quisiera que me concedieses unos oídos para escuchar las demandas de mis hermanos, con el fin de gobernarlos con equidad y saber diferenciar exactamente el bien del mal. De faltarme este don, ¿cómo podría ser rey de una nación tan grande y poderosa?

A Yahvé le confortó que Salomón le pidiese una cualidad que necesitaba para beneficiar a su pueblo. Por eso le dijo:

—Al haber solicitado esto, en lugar de querer que te alargase la vida, que te cubriese de riquezas o que diese muerte a algunos de tus enemigos presentes y futuros, vas a obtener lo que deseas. Poseerás la inteligencia suficiente para gobernar a tu pueblo con acierto; Dispondrás de una mente sabia y prudente, que superará a todas las conocidas y a las que han de venir en el futuro. También te ofreceré riquezas y fama, lo que te convertirá en el monarca más conocido del mundo. Y si no dejas de andar por la senda de mis preceptos y órdenes, como hizo tu padre David, te concederé una larga vida.

En este punto Salomón pasó a ser un Iniciado, al convertirse en el hombre más sabio. Una sabiduría que provenía de Yahvé, y de la que él se hallaba obligado a hacer el mejor uso. El hecho de haber recibido un don tan prodigioso se lo debía a su padre, al cual Dios consideraba un gran rey.

Con una sensación de placidez se despertó el soberano de Israel, convencido de que el sueño había sido real: otra de las variadas formas que utilizaba el Señor para comunicarse con sus Elegidos. Se puso de pie, se sacudió la ropa y bajó a Jerusalén.

Pero algo había en su rostro y en su figura que dejó impresionadas a las gentes con las que se fue encontrando por el camino. Quizá fuese un halo de santidad. Nadie se atrevió a hablarle, aunque él sí lo hizo al arrodillarse delante del Arca de la Alianza:

—¡Gracias, Dios mío, por los dones que me has otorgado, pues ya no me asusta la responsabilidad de gobernar a un pueblo tan poderoso!

En seguida ofreció los holocaustos y sacrificios de la comunión. Una vez llegó a palacio, ordenó que se preparara un banquete para toda la corte. Tampoco en esta ocasión nadie formuló ni una sola pregunta, debido a la seguridad que mostraba el monarca al contestar a toda clase de interrogantes y cuestiones. Pero esta seguridad nada tenía que ver con el orgullo y la soberbia, ya que provenía de una razón natural, de una cualidad que en él podía ser similar a los cinco sentidos.

El juicio de Salomón

Muchas fueron las muestras que dio Salomón de sabiduría; sin embargo, ninguna le hizo tan famoso como el conocido juicio de las dos rameras. Hemos de entender que el rey, como habían hecho antes su predecesores, seguía manteniendo el deber de actuar como juez público. Después de haber resuelto un conflicto de regadíos, se enfrentó a una situación bastante violenta.

Delante de su trono fueron conducidas una pareja de mujeres vestidas de una manera bastante similar, pero cuyo físico y temperamento resultaban antagónicos. La de aspecto más sereno, aunque en sus ojos se observaba un llanto contenido, se adelantó para exponer su pleito una vez fue autorizada:

—Majestad, esta mujer y yo compartimos la misma vivienda. Hace una semana di a luz en la vivienda, pero estando ella cerca. Tres días más tarde, fue ella la que tuvo un niño. En los dos casos nadie nos ayudó, como tampoco recibimos socorro después. Estábamos completamente solas con nuestros niños. Hace dos noches, esta mujer debió tener un mal sueño que le hizo moverse demasiado, tanto que se echó sobre su hijo y lo asfixió. Como la tragedia sucedió de noche, se levantó de su camastro, llegó al mío y se llevó mi niño, dejando en su lugar el cadáver del suyo. A la mañana siguiente, cuando me desperté para dar el pecho a mi hijo, descubrí aterrorizada que estaba muerto. No obstante, al mirarle atentamente pude advertir que no era el mío y sí el que tenía esta mujer...

De pronto, intervino la otra prostituta con una voz airada:

—¡Es mentira! ¡Mi hijo es el que está vivo y el suyo es el muerto!

Al momento las dos mujeres se enzarzaron en una discusión llena de insultos y amenazas. Hasta que el rey Salomón ordenó que se callaran, después se puso de pie y habló de esta manera:

La pusieron en sus manos y, al momento, se fijó en la criatura inocente. En seguida ofreció esta solución:
—¡Partid en dos al niño vivo, y dadle las mitades a cada una de las mujeres!

—Resulta difícil saber cuál de las acusadas dice la verdad, debido a que ambas se sirven de los mismos argumentos y muestran parecidas reacciones defensivas de sus derechos y, luego, repulsivas frente a las palabras "calumniosas" de la otra.—Miró a los guardias reales, uno de los cuales tenía el niño vivo en sus brazos, y ordenó—: Entregadme una espada.

La pusieron en sus manos y, al momento, se fijó en la criatura inocente. En seguida ofreció esta solución:

—¡Partid en dos al niño vivo, y dadle las mitades a cada una de las mujeres!

Súbitamente, la madre que estaba segura de que su hijo era el vivo, dominada por la angustia rogó dando muestras de una gran desesperación:

—¡Majestad, entregadle a ella el niño vivo, no lo matéis!

Al mismo tiempo la otra exclamaba:

—Así no será para ninguna de las dos. ¡Por mí que lo partan ahora mismo!

En aquel instante el rey Salomón supo el veredicto que se debía adoptar:

—Dadle el niño vivo a la mujer que deseaba salvarlo, aunque lo fuese a perder. ¡Ella es la verdadera madre!

La sentencia fue conocida por todo Israel a los pocos días, sin que nadie dejara de elogiarla. Entendieron que se hallaban gobernados por un rey de una sabiduría sobrehumana. En efecto, su capacidad para distinguir el bien del mal era superior a la del juez más imparcial del mundo.

La organización de Israel como un Imperio

El rey Salomón convirtió Israel en un estado administrativo y comercial siguiendo las pautas de Egipto. Pero introdujo algunas variantes, como los secretarios, que se ocupaban de la correspondencia y de redactar los anales del reino, y los heraldos, a los cuales les correspondía el anuncio de los decretos reales y la organización del protocolo.

Quizá donde más destacó su sabiduría para conocer a los hombres fue al repartir los cargos del gobierno. Por ejemplo,

Azarías, el hijo del profeta Natán, fue nombrado ministro del Interior con la misión de controlar a los gobernadores de las provincias. En este cargo demostró tanta solvencia que nunca dejó de mantener al país en paz, al mismo tiempo que pudo organizar la masiva selección de obreros en el momento que fueron necesarios para construir las grandes obras arquitectónicas. Una tarea colosal que estuvo unida a la apertura de minas, nuevas vías de comunicación y la instalación de puertos marítimos en lugares inverosímiles. Sin embargo, esto llegaría mucho más tarde.

Hasta que Salomón accedió al trono el país había funcionado como una confederación de doce tribus, cada una con distinta etnia. A partir de este momento se transformó en una especie de estado centralista, que se fortalecía con los impuestos pagados mensualmente por cada una de las doce divisiones del mismo siguiendo un turno riguroso.

Se trazaron nuevas fronteras. Las tierras de Judá quedaron a expensas de la corona. Con el hecho utilizar masivamente el arado e implantar los cultivos rotatorios, para no agotar las tierras manteniendo uno en exclusivo, se incrementaron las cosechas. Además, el país se vio beneficiado por las lluvias, la ausencia de los abrasadores vientos del desierto y por el hecho de que había la suficiente mano de obra en activo.

Con el aumento de la producción agrícola, el pueblo exigió un mejor comercio. Esto facilitó el intercambio de los excedentes por las materias primas que faltaban en el país. También se descubrieron nuevas minas de oro y de plata, para que se cumpliera la promesa de Yahvé de incrementar las riquezas de Salomón y de Israel.

Riqueza y sabiduría

No tardó en comprobarse que, gracias a Salomón, el pueblo de Israel se extendía desde el Éufrates a Egipto, lo que suponía que nunca en su historia había sido tan grande y poderoso. Carecía de enemigos y, lo más importante, cobraba tributos a los filisteos y a otros países limítrofes...

Esta paz interior y exterior permitió que los ciudadanos vivieran una existencia más rica y apacible, libres de los sobresaltos del pasado. Bien es cierto que hay algunos detractores de este sistema, como Isaías, para el cual:

Esta nación se hallaba repleta de oro y de plata; las grandes manadas de caballos galopaban por las alturas y los valles y por todas partes se veían carros; sin embargo, era el pueblo quien trabajaba en beneficio del rey en lugar de ser éste el que se pusiera al servicio de su pueblo.

La crítica nos parece exagerada, debido a que el hecho de que los hombres y las mujeres dispusieran de lo suficiente para comer, beber, descansar, criar a sus hijos y brindar protección a sus mayores se aproximaba mucho a la felicidad.

Nos cuenta la Biblia que Salomón recibía diariamente 13.500 kilos de flor de harina y 27.000 de harina corriente; 10 bueyes cebados y 20 de pasto; y 100 ovejas, además de un número desconocido de ciervos, gacelas, corzos, gansos y aves cebadas. En sus cuadras se guardaban 40.000 caballos de tiro, destinados para los carros y 12.000 de montar.

Todo lo anterior nos permite saber que en palacio debían vivir millares de personas, a la vez que era muy numeroso el grupo de funcionarios administrativos y militares que se encontraban en Jerusalén. De ahí que fuera necesario tan enorme abastecimiento. Una carga que soportaba perfectamente el imperio.

En lo que concierne a la sabiduría de Salomón, mejor deberíamos llamarla inteligencia, no vamos a contar que podía hablar con los animales, como se asegura en El Corán (hemos de suponer que es una forma figurada de conceder un valor casi infinito a esta facultad); sin embargo, nos atreveremos a escribir que jamás en el mundo ha existido un hombre tan sabio, intuitivo y anticipador como él: políglota, escritor, matemático, geómetra, geógrafo, astrólogo, descifrador de enigmas, astrónomo, filósofo, teólogo y muchas otras cosas más.

Se nos dice en el texto bíblico que Salomón superó a los sabios de Oriente y de Egipto. También rebasó a Etán el ezrahíta y a los rapsodas Hemán, Calcot y Dardá. Su fama se extendió por todos los confines del mundo.

Compuso cerca de tres mil proverbios y cinco mil canciones. Esto nos obliga a concederle el don de la armonía, la composición y la facilidad de tocar una variada gama de instrumentos de cuerda, de viento y de percusión. Conocía todos los secretos de la botánica y de la zoología, hasta el punto de que ante un brote de peste equina los veterinarios debieron recurrir a él para atajarlo.

Esta paz interior y exterior permitió que los ciudadanos vivieran una existencia más rica y apacible, libres de los sobresaltos del pasado...

VII. LA CONSTRUCCIÓN DEL TEMPLO

Los fabulosos cedros de Tiro

Una de las primeras evidencias de que la fama de Salomón atraía importantes alianzas la tenemos en la conducta de Jirán, el rey de Tiro. Este filisteo había mantenido una sólida alianza con el rey David; no obstante, prefirió esperar a conocer el comportamiento de su sucesor para ofrecerle la renovación del tratado de amistad y cooperación mutua.

Para conseguirlo envió a dos de sus mejores embajadores, los cuales se quedaron atónitos al entrar en Jerusalén. La actividad comercial de esta ciudad les pareció superior a la de Tebas y a las otras grandes urbes de Egipto. También quedaron asombrados al comprobar la ausencia de mendigos, la limpieza de las calles y la frondosidad de los jardines. Imágenes que apoyaban las contempladas en su recorrido por Israel: campos de cultivos atiborrados de gruesas espigas, abundancia de ganado y una hospitalidad fuera de lo común.

Al regresar a su país, eran portadores de un mensaje de Salomón a Jirán:

Tú sabes que mi padre David no pudo construir un templo en honor de Yahvé, su Dios, lo mismo que el mío, por culpa de las muchas guerras en las que se vio envuelto. A cambio el Señor le fue poniendo a los enemigos bajo sus pies. Ahora disfruta Israel de la paz en todo el territorio. No nos enfrentamos a ningún adversario, ni a graves conflictos. Pronto comenzaré a construir un templo en honor de Yahvé, mi Dios, como anunció el Señor a mi padre

David: "Tu hijo, al que haré sucesor tuyo en el trono, será quien se encargue de edificar un templo en mi honor."

Para conseguirlo necesito que me envíes los cedros del Líbano. Mis esclavos trabajarán con los tuyos en esta tarea. Todos ellos percibirán los salarios que tú estipules, los cuales yo me encargaré de abonar puntualmente. Además, necesitaré talladores fenicios, pues en mi país no los hay con tanta maestría.

Desde siempre Líbano había sido envidiada por sus inmensos bosques de cedros, un gran número de los cuales superaban los doscientos o trescientos años de edad. Muchas invasiones sufrió este país con el objetivo principal de conseguir tan cotizada riqueza. Al mismo tiempo, el fabuloso centro maderero se hallaba unido a unas familias de artesanos, auténticos genios, que tallaban como los ángeles, lo mismo que disponían de unas herramientas que sólo ellos sabían fabricar y utilizar.

Un trabajo de colosos

Cuando Jirán tuvo en sus manos la carta de Salomón se llenó de alegría. Era un rey que también amaba la paz, además de ser un hábil comerciante. Sus graneros empezaban a estar vacíos, debido a que Líbano contaba con grandes bosques pero le faltaban los suficientes terrenos cultivables para abastecer a su población. Esto obligaba a importar una gran cantidad de cereales y otros alimentos.

—¡Alabado sea hoy el Señor por traerme tan gratas noticias! —exclamó sin poder contenerse.

En seguida se encargó de que fuese despachada de inmediato, con el fin de que Salomón la recibiese personalmente; la respuesta siguiente:

He leído tu petición comercial. Cumpliré tus deseos enviando madera de cedro y de abeto. Mis esclavos se encargarán de bajar los gruesos troncos del Líbano al mar. Los remolcarán con balsas hasta donde tú nos indiques, allí los soltarán y después tus esclavos los recogerán. Por tu parte has de pagarme abasteciendo mi palacio.

El trato iba a consistir en que Jirán entregaría la madera que Salomón necesitara, a la vez que éste le abonaría anualmente 9 millones de kilos de trigo y 900.000 litros de aceite de oliva. Esto nos da idea de la inmensa riqueza que había conseguido acumular Israel gracias a un largo periodo de paz y a una excelente administración.

Mis esclavos se encargarán de bajar los gruesos troncos del Líbano al mar. Los remolcarán con balsas hasta donde tú nos indiques.

Para que este trato se hiciera realidad fue necesario, además, que los gobernadores de las trece provincias, entre las que incluiremos a Judá, realizaran unas levas voluntarias. Se reclutaron 30.000 hombres, que fueron divididos en tres grupos: 10.000 estarían trabajando en el Líbano durante un mes, mientras los otros dos descansaban un par de meses, siguiendo un estricto turno rotatorio. Esto supuso un elevado coste monetario.

Lo que más nos asombra es los cientos de kilómetros que debieron recorrer los troncos de los grande árboles: rampas en el suelo para conseguir arrojarlos al mar; sobre el agua eran recogidos por balsas, que los trasladaban al puerto de Jofa; y desde aquí pasaban a ser arrastrados por vía fluvial y terrestre hasta dejarlos en Jerusalén. Toda una labor de colosos.

Alguien nos dirá que mayores esfuerzos debieron realizar los constructores de las pirámides egipcias, y hemos de darle la razón. Lo que nos resulta incomprensible es averiguar de qué medios misteriosos se sirvieron, cuando la misma tarea hoy día tendríamos que considerarla una proeza, a pesar de contar con tanta poderosa maquinaria.

La Biblia ha dejado escrito que el responsable de esta ingente labor fue Adomirán. Sin embargo, estamos convencidos de que muchos de los recursos empleados nacieron de la mente de Salomón. Lástima que no podamos saber cuáles fueron, lo mismo que ignoramos las más recientes hazañas de los constructores de catedrales, por esa costumbre ancestral de convertir los inventos y las habilidades artesanales en un patrimonio familiar, que era heredado por los hijos o desaparecía al fallecer el único conocedor de los mismos.

Otra gran hazaña

Todos los historiadores se han puesto de acuerdo en la idea de que Salomón tuvo muy en cuenta la arquitectura fenicia a la hora de edificar el Templo que le había encargado su padre. Como sabía lo que quería, debió seleccionar a unos arquitectos y maestros de obras de este país. Mucho se ha escrito sobre que los genios en el manejo de los grandes bloques de piedra, que cortaban con una perfección tal que al superponerse no necesitaban ningún tipo de argamasa para asegurar un ajuste milimétrico, se hallaban obligados a guardar su secreto hasta la tumba. Como habían recibido las enseñanzas a la manera de los iniciados religiosos, debían prometer una fidelidad absoluta a los sacerdotes y, sobre todo, que nunca comunicarían su ciencia a los infieles.

¿Dispuso Salomón de unos arquitectos que se burlaron de sus juramentos o fue su suegro el Faraón quien se los facilitó "bajo cuerda"? De cualquier manera ha quedado demostrado, gracias a la arqueología, que el Templo supuso toda una maravilla. Además de los grandes artistas de la piedra, trabajaron allí, sobre la roca que formaba la cima de la colina de Osel, 80.000 canteros y 70.000 acarreadores, cuya tarea era controlada por 3.300 capataces.

Los primeros pasos se dieron en el momento que el rey Salomón mandó traer enormes bloques de piedra, para cimentar el edificio con piedras sillares. Se habían cuidado de labrarlas los canteros israelitas, los fenicios mandados por Jirán y los egipcios. Al mismo tiempo se fue preparando el maderamen y las piedras para la estructura del edificio.

El Templo de Salomón

En la Biblia se ofrece una larga exposición del Templo de Salomón:

En el año 480 de la salida de Israel de Egipto, 4.º del reinado de Salomón, en el 2.º mes, el mes de Ziv (el florido, nombre cananeo que se daba a un periodo de tiempo comprendido entre abril y mayo), *comenzó Salomón a construir el templo de Yahvé. Este edificio medía 30 metros de largo, 10 de ancho y 15 de alto. El vestíbulo ante el Santuario medía 10 metros de largo, a lo ancho del edificio, y 5 de ancho a lo largo del mismo. Se colocaron en el Templo unas ventanas enrejadas, y se adosó a sus muros un anejo alrededor del Santuario y del Santísimo con pisos en su entorno. La planta baja medía 2,5 metros de ancho, el piso del medio 3, y el tercero 3,5; pues se había dispuesto en la pared exterior del*

Templo una entalladura, para no verse forzados a empotraría en los muros.

En la construcción del Templo se emplearon piedras previamente talladas en la cantera, de suerte que mientras se construía el edificio no se escuchó golpe de martillo, de piqueta o de cualquier otro instrumento de hierro. La puerta de entrada a la planta baja estaba al lado derecho del edificio y, por una escalera de caracol, se subía al del medio y de éste al tercero. Construido y acabado el edificio, se recubrió con artesonado de cedro. Se edificó el anejo alrededor del Templo de 2,5 metros de alto, y se trabó todo el conjunto con vigas de cedro.

La descripción de un sabio enamorado

Estamos convencidos de quien describió el Templo lo amaba y, a la vez, se cuidó de ocultar algunos datos matemáticos, que sólo se pueden obtener si analizamos de una forma distinta todo el edificio, especialmente su interior.

El Templo era alargado, muy alto para lo acostumbrado en las construcciones de Jerusalén, aunque no en las egipcias. Se hallaba dividido en tres partes: 5 metros dedicados al vestíbulo, 15 para la nave y 10 para el camarín o Santísimo. No obstante, las características de los tres espacios se iba modificando de una forma bastante singular: el vestíbulo ofrecía la impresión de ser muy alto, debido a que se elevaba 15 metros sobre 10 de ancho y 5 de largo; la nave comenzaba a equilibrar la longitud y la altura, hasta pasar a ser de 15 metros de altura y 15 por 10 de anchura; el camarín resultaba un cubo perfecto de 10 metros de lado. En el interior de este cubo se hallaban dos querubines, cuyas alas dibujaban algo similar a un eje central: contemplados a una corta o media distancia se podía comprobar que sus alas se juntaban en el centro matemático del cubo. Todo un prodigio de exactitud que sólo pudo conseguir un gran geómetra. En la Zona baja de este punto se hallaba el Arca de la Alianza, con la tapadera de oro que ocultaba a la Divinidad.

Las proporciones no dejaban de mostrar un sentido sobrenatural, una prueba de amor a Yahvé; el vestíbulo se levantaba, a la vez que la nave empujaba hacia delante sin que desapareciera la sensación de altura. Esto nos permite comprender que allí se había conseguido la perfección cósmica y celestial en términos arquitectónicos. Sin embargo, esta maravilla no podían apreciarla los fieles, al ser un privilegio reservado a los sacerdotes que se encontraban en el atrio. En realidad quien lo contemplaba con mayor exactitud era el sumo sacerdote, pero una vez al año: cuando se celebraba la festividad mayor de Israel.

En el interior de este cubo se hallaban dos querubines, cuyas alas dibujaban algo similar a un eje central: contemplados a una corta o media distancia se podía comprobar que sus alas se juntaban en el centro matemático del cubo.

Quizá forme parte de la leyenda eso de que toda la madera del pavimento del Templo fue cubierta con planchas de oro. Lo que resulta más creíble es que de este metal fuese el camarín, ya que al difundir el resplandor áureo podía simbolizar la luz cósmica, un efecto que debió surgir de la sabia mente del rey Salomón.

Yahvé se mostró muy satisfecho

Antes de que el Templo fuese terminado, Yahvé se apareció a Salomón. La Biblia no especifica donde ocurrió este momento, y si volvió a ser por medio del sueño. El hecho es que le dijo:

Por este Templo que estás edificando,
si continúas caminando según mis preceptos,
llevas a la práctica mis órdenes
y cumples todas las obligaciones,
actuando de acuerdo a todas ellas,
yo cumpliré todas las promesas
que hice delante de tu padre David:
habitaré junto al pueblo de Israel
y nunca lo abandonaré.

Así pudo saber el sabio monarca que Yahvé estaba satisfecho con la construcción del Templo. Por este motivo se cuidó de mejorarlo con el amor que antes hemos apuntado. Si a la mujer amada se le regalaba lo mejor, ¿qué podía ofrecerse al Señor para que siguiera apoyando a su pueblo?

Salomón había contratado a los mejores artistas de aquella zona del mundo. Examinaba los planos, daba su aprobación o rechazaba los proyectos y no disculpaba ni el menor error: debía ser corregido en el acto. Conocía los secretos de todos los oficios y de todas las artes, era imposible que se le engañara.

Suyo fue el deseo de que el interior del edificio santo se cubriera con madera de cedro, desde el suelo hasta el artesonado. Para el piso se reservaron las más pulidas tablas de abeto. No conforme con el aspecto de las paredes, encargó el rey que se tallaran unos bajorrelieves de guirnaldas con frutos y flores.

El camarín donde iba a guardarse el Arca de la Alianza era un cubo perfecto que medía lo mismo de alto, de ancho y de largo: 10 metros. Se cubrió con panes de oro puro. El altar de cedro también llevó una montura de oro. Para el camarín se tallaron dos querubines de madera de acebuche, que median 5 metros de altura, y se hallaban provistos de unas alas que alcanzaban los 2,5 metros de altura.

Para la entrada de la nave se construyeron jambas abocinadas provistas de cuatro entrantes, también en madera de acebuche, y dos puertas de abeto. Cada una de éstas con unas aperturas giratorias, en las que se habían grabado querubines, palmas y guirnaldas de flores.

Muchas más cosas se realizaron en el interior y el exterior del Templo, pero creemos haber ofrecido una imagen bastante aproximada de esta maravilla. Ahora concluiremos escribiendo que se terminó a los siete años y siete meses de haberlo iniciado.

La edificación del palacio

Nada más finalizar el Templo, Salomón consideró que había llegado el momento de edificar un nuevo palacio digno de su categoría imperial y de todos los monarcas que le pudieran seguir. Dado que contaba con el material, la mano de obra y los arquitectos, sólo debió revisar nuevos planos y, después, proseguir el trabajo casi sin permitirse una tregua. Puede afirmarse que a los siete años largos que supuso la construcción de la fabulosa Casa de Yahvé se unieron los trece que iban a emplearse en realizar el palacio.

Largo tiempo de paz, en el que se pudo asegurar la total ocupación del pueblo, que sirvió para que los israelitas comprendieran que habían dejado de ser doce tribus de pastores para convertirse en ciudadanos de una nación poderosa y próspera.

El palacio terminaría siendo llamado el “Bosque del Líbano”. Medía 50 metros de largo, 25 de ancho y 15 de alto. Se hallaba provisto de tres series (15 en cada una, lo que sumaba 45) de columnas de cedro, las cuales sostenían vigas de la misma madera. Sobre éstas se montó una amplia techumbre de cedro.

Todas las ventanas disponían de celosías y estaban confrontadas de tres en tres. Para cada una de las puertas y ventanas se construyeron marcos rectangulares. También se edificó el Pórtico de las Columnas, que medía 25 metros de largo por 15 de ancho, y delante del mismo se levantó otro parecido que contaba con un voladizo delantero.

Para la administración de la justicia ordenó Salomón que se realizara el Salón del Trono o Audiencia. Una gran sala recubierta con madera de cedro desde el piso hasta el artesonado. Las mismas características ofrecía su residencia personal.

También repitió esta obra en un segundo palacio, pero reservando las mejores dependencias para su esposa egipcia. Sin embargo, en ningún momento se olvidó de sus otras doscientas mujeres y de sus ciento cincuenta concubinas. Algunas de éstas, lógicamente las más viejas, las había heredado de David. La tradición imponía que el hijo pasara a disponer del harén de su padre, aunque no se conocen casos de que esto invitase a las relaciones carnales, ya que sólo se pretendía que "las viudas" contasen con parecidos favores sociales y económicos que en sus años de esplendor.

Para finalizar con la edificación del palacio, añadiremos que desde sus cimientos hasta las vigas del techo fue realizado con unos espléndidos sillares, labrados a escuadra y serrados en sus caras externas e internas. La base de todo el conjunto arquitectónico eran unos inmensos bloques de piedra, de 5 metros por 4, sobre los cuales se fueron montando otras piedras especiales y vigas de cedro.

Nadie duda de que todos los israelitas se sintieron orgullosos de las dos obras. Unos monumentos acordes con la importancia del rey Salomón, siempre empeñado en demostrar que su sabiduría era más práctica que teórica.

El arte de gran orfebre

Lo mismo que se cree en la intervención de arquitectos egipcios en la edificación del Templo y del Palacio, se sabe que el trabajo de orfebrería no pudo ser realizado por Hirán de Tiro como indica la Biblia. El gran número de obras de arte que terminaron siendo introducidas en los dos edificios monumentales nos lleva a suponer que fueron la obra de varios grandes orfebres.

Se tiene la certeza de que debieron encontrarse nuevas minas de cobre y de hierro. Los israelitas eran buenos herreros; sin embargo, debieron contar con la ayuda de nuevas técnicas que les permitieron conferir una mayor dureza y, al mismo tiempo, una superior maleabilidad a los valiosos metales que trabajaban en sus forjas.

En la Biblia se mencionan las siguientes realizaciones artísticas: grandes columnas de bronce, capiteles adornados con trenzas o granadas, depósitos de metal fundido, diez palanganeros de bronce, aguamiles, barreños, ceniceros, aspersorios, candelabros, cálices, lámparas, palanganas, cuchillos, bandejas, despabiladeras de oro puro y otros mil objetos más.

Todo este inmenso recipiente descansaba sobre doce toros, que en grupos de tres se hallaban orientados hacia los cuatro puntos cardinales. Llegaba a contener 80.000 litros de agua. Este depósito terminó siendo llamado el "Mar"...

Para dar una idea de la grandiosidad de algunos de estos prodigios metálicos, hemos de resaltar que el depósito de metal fundido medía 5 metros de diámetro, 2,5 de alto y 15 de perímetro. En la zona baja del borde se forjaron dos series de motivos vegetales, con veinte frutas por cada metro. Todo este inmenso recipiente descansaba sobre doce toros, que en grupos de cuatro se hallaban orientados hacia todos los puntos cardinales. Llegaba a contener 80.000 litros de agua. Este depósito terminó siendo llamado el "Mar", acaso porque Salomón había querido que representara al violento océano que el hombre era capaz de dominar. Acostumbraba a usarse su líquido para las abluciones y las purificaciones de los sacerdotes, lo que nos lleva a suponer que el agua sucia debía ser extraída al no disponer de ningún desagüe o grifo.

VIII. LA GRANDEZA DE ISRAEL

El traslado del Arca de la Alianza

Cuando Salomón hizo que en el nuevo Templo se guardaran las ofrendas de su padre David (vasos de oro y plata que constituyeron el primer tesoro), el pueblo supo que iban a dar comienzo las grandes fiestas que llevaban tanto tiempo esperando. Todo Israel había participado, de una u otra manera, en la obra. Bueno era que se hallara representado por los cabezas de familia de las doce tribus. Porque iba a realizarse el traslado del Arca de la Alianza de Yahvé desde la Ciudad de David al Templo.

Se hallaban en el mes de Etanín (el séptimo del calendario hebreo) y era la fiesta de las Chozas. En el momento que aparecieron los ancianos, un grupo de sacerdotes cargó con el Tabernáculo y otro con la tienda del encuentro y los objetos religiosos que se habían guardado en la misma.

Entonces surgió la figura de Salomón como eje central del acontecimiento. Suya iba a ser la gran responsabilidad de desempeñar el papel de sumo sacerdote, de intermediario entre Israel y su Dios. Dirigió el holocausto de una gran cantidad de ovejas y bueyes.

Cuando se disiparon las nubes de los fuegos sagrados, el Arca deja Alianza se depositó en el camarín del Templo, llamado el Santísimo. Allí quedó bajo las alas de los espléndidos querubines.

Hemos de comprender que esta fiesta adquirió una importancia nacional. Si la tradición imponía que todas las tribus se reunieran periódicamente en un santuario central, que podía estar situado en Siqué, Siló o en Atalaya, a partir de aquel día el Templo de Jerusalén o de Salomón se convertiría en el punto central.

Para celebrar este acontecimiento se eligió la fecha que representaba el final de las tareas agrícolas y, a la vez, el inicio de las labores para el nuevo año, a la espera de esas lluvias del otoño que ablandarían la tierra para dejarla en condiciones de recibir las simientes. Lo que no se perdió fueron los festejos conmemorativos de la peregrinación por el desierto después de huir de Egipto, pues sirvieron de antesala a la gran celebración de la entrada del Arca de la Alianza en el Templo de Salomón.

La nube que anunció el mensaje de Yahvé

En el instante que parecía haber decaído la expectación, debido a que los sacerdotes ya se retiraban del Santísimo, pues el Arca de la Alianza se encontraba en su lugar, ocurrió uno de esos acontecimientos que escriben un capítulo de la Historia de una nación.

Súbitamente, una nube misteriosa cubrió todo el interior del Templo. Como era tan espesa nadie podía ver a la persona junto a la que se encontraba. Un silencio sobrecogedor pareció herir el ambiente, hasta que tronó la potente voz de Salomón:

La Gloria de Yahvé ha llegado a nosotros.
Fue Yahvé quien puso el sol en el cielo;
y ahora Yahvé viene en las tinieblas.
Para dar por bueno su palacio,
un lugar donde vivirá para siempre.
¡Ahora yo os bendigo en su nombre
a vosotros, asamblea de Israel!

Todos los presentes se incorporaron, debido a que el miedo les había obligado a tumbarse o a ponerse de rodillas. Mientras tanto, su monarca exclamaba en su papel de sumo sacerdote:

¡Bendito sea el Señor Dios de Israel!,
que a mi padre David
con la boca se lo prometió
y con la mano lo ha cumplido.

La larga oración de Salomón

A continuación Salomón pronunció una de las oraciones más sentidas, en la que dejó claro que Israel era el pueblo elegido y se hallaba totalmente entregado a Yahvé, su único Dios. La Biblia lo expone de esta manera (podemos observar que al principio Salomón habla como si fuera la voz de Yahvé; sin embargo, en el segundo punto y aparte de la oración ya brota directamente de él):

Ha quedado escrito que el rey Salomón, en nombre de todo su Imperio, ofreció holocaustos a Yahvé como una especie de comunión: 22.000 bueyes y 120.000 ovejas.

Desde el día que saqué de Egipto a mi pueblo de Israel, no elegí ninguna ciudad en la que sus tribus me edificasen un Templo donde residiera mi Nombre. Preferí que naciese David y se hallara listo para situarse al frente del pueblo de Israel.

Mi padre David pensó en construir un templo en honor de Yahvé Dios de Israel. Y Yahvé le dijo: "Ese proyecto que alimentas de edificar un Templo en mi Nombre haces bien en planearlo; sin embargo, tú jamás podrás realizarlo, y lo hará un hijo de tus entrañas."

Yahvé ha cumplido su promesa: yo he sucedido en el trono de Israel a mi padre David, como lo prometió Yahvé, y he construido este templo en honor de Yahvé, nuestro Dios. Y en el mismo he elegido el mejor sitio para instalar el Arca en la que se guarda la Alianza que Yahvé pactó con nuestros patriarcas cuando los sacó de Egipto.

En aquel momento Salomón, que seguía delante del altar frente a toda la asamblea, elevó las manos al cielo y continuó la oración:

¡Yahvé Dios de Israel! Ni arriba en el cielo ni abajo en la tierra hay un Dios como Tú, fiel a la alianza con tus vasallos, si caminan de todo corazón en tu presencia: a mi padre David, tu siervo, le mantuviste la palabra: con tu boca se lo prometiste, con la mano se lo has cumplido hoy.

Ahora, Yahvé Dios de Israel, mantén en favor de tu siervo, mi padre David, la promesa que le hiciste: "No te faltará en mi presencia un descendiente en el trono de Israel, a condición de que tus hijos sepan comportarse caminando en mi presencia como has andado tú." Ahora, Dios de Israel, confirma la promesa que hiciste a mi padre David, siervo tuyo. Aunque, ¿es posible que Yahvé habite en la tierra? Si no cabes en lo más alto del cielo, ¡cuánto menos en este templo que he construido!

Vuelve tu rostro a la oración y súplica de tu siervo. Yahvé Dios mío, escucha el clamor y el rezo que dirige hoy tu siervo. Día y noche estén tus ojos abiertos sobre este templo, en el mismo sitio donde quisiste que residiera tu Nombre. ¡Escucha la oración que tu siervo te dirige en este sitio!

Escucha la súplica de tu siervo y de tu pueblo de Israel cuando recen en este lugar: escucha desde tu morada del cielo, oye y perdona.

Cuando uno peque contra otro, si se le exige juramento y viene a hacerlo ante el altar de este templo, escucha desde el cielo y haz justicia a tus siervos: condena al culpable dándole su merecido y absuelve al inocente pagándole según merezca.

Cuando los de tu pueblo de Israel sean derrotados por el enemigo, debido a que hubiesen pecado contra ti, si se convierten y confiesan su pecado, y rezan y suplican en este templo, escucha Tú desde el cielo y perdona el pecado de tu pueblo de Israel, y hazlo volver a la tierra que diste a sus padres.

Cuando, por haber pecado contra ti, se cierre el cielo y no haya lluvia, si oran en este lugar te confiesan su pecado y se arrepienten en el momento que Tú los afliges, escucha desde el cielo y perdona el pecado de tus siervos, todos ellos de tu pueblo de Israel, mostrándoles el buen camino que deben seguir y envía la lluvia a la tierra que diste en heredad a tu pueblo.

Cuando en el país haya hambre, peste, sequía y añublo, langostas y saltamontes; cuando el enemigo cierre el cerco en torno a alguna de nuestras ciudades, en cualquier calamidad o enfermedad; si uno cualquiera o todo pueblo de Israel, ante los remordimientos de su conciencia, extiende las manos hacia este templo y te dirige oraciones y súplicas, escúchalas desde el cielo donde moras, perdona y actúa, paga a cada uno según su conducta, Tú que conoces el corazón humano: así te temerán mientras vivan en la tierra que Tú diste a sus padres.

También el extranjero que no pertenece a tu pueblo de Israel: cuando venga de un país lejano atraído por tu fama —porque oirán hablar de tu mano fuerte y de tu brazo extendido—, cuando vengan a rezar en este templo, escúchalo Tú desde el cielo donde moras, haz lo que te pida, para que todas las naciones del mundo conozcan tu fama y te teman como tu pueblo de Israel, y sepan que tu Nombre ha sido invocado en el templo que he construido.

Cuando tu pueblo salga en campaña contra el enemigo, por el camino que le señales, si rezan a Yahvé vueltos hacia la ciudad que has elegido y al templo que he construido en tu honor escucha Tú desde el cielo su oración y súplica y hazles justicia.

Cuando pequen contra ti —porque nadie está libre de pecado—, y Tú, irritado contra ellos, los entregues al enemigo, y los vencedores los destierren a un país enemigo, lejano o próximo, si en el país donde vivan deportados reflexionan y se convierten, y en el país de los vencedores te suplican diciendo: "Hemos pecado, hemos faltado, somos culpables"; si en el país de los enemigos que los hayan deportado se convierten a ti con todo corazón y con toda el alma, y te rezan vueltos hacia la tierra que habías dado a sus padres, hacia la ciudad que elegiste y el templo que he construido en tu honor, escucha Tú, desde el cielo donde moras, su oración y súplica, y hazles justicia; perdona a tu pueblo los pecados cometidos contra ti, sus rebeliones contra ti, haz que sus vencedores se compadezcan de ellos, porque son tu pueblo y tu heredad, los que sacaste de Egipto, del horno de hierro.

Ten los ojos abiertos ante la súplica de tu siervo, ante la súplica de tu pueblo de Israel, para atenderlos siempre que te invoquen. Pues entre todas las naciones del mundo Tú los apartaste como heredad, como dijiste a tu siervo Moisés cuando sacaste de Egipto, Yahvé, a nuestros padres.

Salomón estaba asegurando con esta oración el predominio de Israel sobre todas las naciones del mundo, con la salvedad de que si los extranjeros se convertían, podían ser perdonados: siempre que viniesen a rezar en el interior del Templo que él acababa de construir.

Como hemos podido comprobar, se consideraba el verdadero autor de la proeza. Suyo era el mérito, por algo heredó este derecho de su padre David. Sin embargo, representaba a Israel, por su condición de Iniciado que había convertido a su país en un Imperio. Podrían suceder miles de calamidades en el futuro, pero si se conservaba la fe y se rezaba a Yahvé, mejor dentro del Templo o mirando hacia donde éste se encontraba, en el caso de hallarse muy lejos, se podría conseguir el perdón y, sobre todo, recuperar lo perdido.

He aquí la razón por la que han sobrevivido los israelitas, el pueblo judío, después de casi tres mil años de continuas persecuciones. Patriarcas de la categoría de Salomón les ofrecieron el estímulo suficiente.

La bendición a toda la asamblea

Nada más que Salomón dio por finalizada la larga oración, se colocó delante del altar de Yahvé, donde había permanecido arrodillado con las manos extendidas hacia el cielo. De pie dedicó esta bendición a la asamblea israelita:

—¡Bendito sea Yahvé, que ha concedido el descanso a su pueblo de Israel, de acuerdo a sus promesas! Nunca ha dejado de cumplir ni una sola de sus promesas que nos comunicó a través de su siervo Moisés. Que Yahvé nuestro Dios nos acompañe, como hizo con nuestros padres: que jamás nos abandone ni nos rechace. Que incline hacia Él nuestro corazón, para que sigamos todos sus caminos y guardemos los preceptos, mandatos y decretos que dio a nuestros padres. Que las palabras de esta súplica formulada ante Yahvé permanezcan junto a Él nuestro Dios día y noche, para que haga justicia a su siervo y a su pueblo de Israel, según las necesidades de cada día. Así sabrán todas las naciones del mundo que Yahvé es el Dios verdadero, y que no hay otro. Y vuestro corazón será totalmente de Yahvé nuestro Dios, siguiendo sus preceptos y guardando sus mandamientos, como hacéis hoy.

Ha quedado escrito que el rey Salomón, en nombre de todo su Imperio, ofreció holocaustos a Yahvé como una especie de comunión: 22.000 bueyes y 120.000 ovejas. De esta manera Israel se convenció de que con el Templo había consolidado su fe y, al mismo tiempo, asegurado su permanente prosperidad.

Las fiestas se prolongaron durante siete días. Jerusalén se convirtió en el eje de toda la península, ya que llegaron allí extranjeros de todos los lugares. Nunca dejarían de hacerlo mientras siguiera vivo Salomón, lo que supondría una gran fuente de riqueza. El comercio se había incrementado, los caminos dentro de Israel se hallaban libres de amenazas y la hospitalidad innata a esta nación supuso otro gran atractivo.

El Yahvé amenazador

De nuevo nos encontramos que en la Biblia no se expone si la nueva aparición de Yahvé a Salomón fue por medio de un sueño o de otro recurso menos sutil. Tampoco se menciona el lugar. El hecho es que le hizo escuchar este oráculo:

—Acabo de oír la oración y súplica que me has dirigido. Como me siento satisfecho con la obra, consagraré este templo que has edificado, para que en el mismo resida mi Nombre para siempre; continuamente se hallarán en su interior mi corazón y mis ojos.

"En lo que se refiere a ti, si caminas en mi presencia como lo hizo tu padre David, con corazón íntegro y recto, cumpliendo exactamente lo que te ordeno y respetando mis mandatos y preceptos, conservaré tu trono real en Israel perpetuamente, como le prometí a David. No te faltará un descendiente en el trono de Israel.

"Pero si vosotros o vuestros hijos os atrevéis a apostatar y no guardáis los preceptos y mandatos que os he dado, y vais a dar culto a otros dioses y los adoráis, borraré a Israel de la tierra que yo le di, rechazaré el templo que he consagrado a mi Nombre, e Israel se convertirá en el refrán y en la burla de todas las naciones. Este templo será un montón de ruinas. Los que pasen ante ellas se asombrarán y silbarán comentando: "¿Por qué ha tratado Yahvé su Dios a este país y a su templo con tanta dureza?" Y les dirán las víctimas: "Porque abandonamos a Yahvé nuestro Dios, que había sacado a nuestros padres de Egipto, porque siguieron a otros dioses, los adoraron y los dieron culto. Esta es la causa verdadera de que Yahvé les haya sometido a esta catástrofe."

En el momento que Yahvé desapareció, a Salomón lo único que le quedó fue la sensación de su poder inmenso. Era uno de los patriarcas de su nación, el más sabio y poderoso. Respecto a la amenaza no se dio por aludido, a pesar de que estaba consintiendo que algunas de sus esposas adorasen a ídolos paganos. Cierto que lo hacían en privado, discretamente, sin ejercer ninguna influencia en su persona. Esto le libraba de culpa.

Sin embargo, resulta incomprensible que no cayese en la cuenta de que Yahvé no amenazaba en vano. Debió adivinar que algo iba a suceder en el futuro que justificaba las temibles palabras divinas, ya que anunciaban la destrucción del templo y de todo el pueblo de Israel, hasta el extremo de que perderían la tierra prometida. Claro que esto ocurriría si caían en la apostasía o desobedecían los preceptos divinos. Algo que Salomón no se hallaba dispuesto a que sucediera jamás.

Pero si vosotros o vuestros hijos os atrevéis a apostatar y no guardáis los preceptos y mandatos que os he dado, y vais a dar culto a otros dioses y los adoráis, borraré a Israel de la tierra que yo le di...

IX. LAS MUERTES DE NATÁN Y BETSABÉ

La primera madrugada sin Natán

Aquella noche el rey Salomón no había querido acostarse con ninguna de sus esposas, ni siquiera recurrió a una de sus últimas concubinas, que le había sido traída de los oasis del Negueb: contaba quince años y era tan virgen como una recién nacida. Le preocupaba la salud del profeta Natán, su maestro.

Llevaba algún tiempo sin hablar con él, porque en medio de tantos triunfos y momentos gloriosos, el anciano no dejaba de recordarle cosas como éstas:

—Vives rozando la idolatría al permitir que algunas de tus esposas adoren a dioses paganos. Debías ordenar que fuesen destruidos los altares que ellas han instalado en sus aposentos. También estás creyendo que Israel eres tú: has centralizado excesivamente el gobierno, lo que te obliga a exigir al pueblo el pago de unos impuestos muy elevados. Nadie se queja porque vivimos tiempos de abundancia; no obstante, las familias carecen de ahorros para soportar cualquier periodo negativo de sequías, plagas y otras calamidades...

Después de haber concluido la edificación del Templo y del Palacio, el rey sabio se hallaba muy satisfecho. De todas partes le llegaban los elogios, los jefes asirios habían aceptado pagarle tributos para sellar un tratado de paz y ya estaba manteniendo un comercio marítimo con todos los países del Mediterráneo y con algunos del Océano Índico. Por este motivo se negó a escuchar esa voz que cumplía el papel de "conciencia", al pretender que no se envaneciera demasiado.

A la mañana siguiente, cuando salió de sus habitaciones, después de haberse bañado y sometido a un masaje relajador por parte de dos expertas servidoras, llegó al comedor donde acostumbraba a desayunar con su madre. Nada más verla vestida de luto y con las ojeras propias de quien ha llorado abundantemente, comprendió que la trágica noticia le iba a ser comunicada:

—Natán ha muerto esta madrugada —dijo la anciana—. Se fue pronunciando tu nombre; pero, antes, me había pedido que no te despertara. Te amaba como a otro de sus hijos. Sus últimas palabras fueron: "¡Ay, Salomón, Salomón, Yahvé te hizo demasiado grande para estos tiempos... Presiento que perderás el control de tus actos en el momento que mayor sea tu gloria!"

—Siempre me había recomendado prudencia y modestia —musitó el soberano de Israel—. Fui muy injusto con él en estos últimos años. Pero lo repararé ordenando que su entierro sea el de un rey. Nuestro pueblo le debe demasiado.

Salomón no desayunaría, porque deseaba velar a su maestro. Tres horas permaneció sentado ante el cadáver, como si pretendiera extraer de aquella mente apagada los secretos que se iba a llevar a la tumba. Por último, se incorporó, besó las frías mejillas y ya se encargó de que diesen comienzo las honras fúnebres.

Pero no pudo contener unas lágrimas, al darse cuenta de que aquella iba a ser la primera mañana que no iba a poder disponer de los consejos de Natán. Y es que hasta los silencios de éste le servían como referencia para saber si estaba comportándose de una forma correcta.

El inadecuado entierro de Betsabé

Salomón saltó del caballo a las primeras gradas del palacio, sin importarle que el animal estuviera echando espuma por la boca y se hallará medio muerto. ¿Cuántos había reventado en los últimos días al verse sometido a una carrera frenética? ¿No se le secó la boca de tanto maldecir por no haberse llevado unos carros en su viaje exploratorio por Galilea?

Hacía una semana que le dieron la noticia de la muerte de Betsabé, su madre. Esto suponía que ya llevaba el doble de tiempo en la sepultura, debido a que el verano tan cálido que estaban sufriendo no aconsejaba mantener un cadáver más de dos o tres días sin enterrar. Pensó que acaso se hubiera recurrido a los embalsamadores, a la vez que se guardaba el cuerpo en las cámaras más frías de palacio, con el fin de permitirle a él, el rey, poder contemplarlo.

—¿Dónde está mi madre? —preguntó a Benayas, que continuaba siendo el jefe de la guardia real.

—En el cementerio del sur, Majestad.

—¡¡En el reservado para las mujeres de segundo rango!! —gritó Salomón, tensas las venas del cuello y alzando los puños como si fuera a golpear el aire—. ¡Ha sido una decisión de los sacerdotes! ¿Por qué no lo impedisteis tú y tus hombres?

Así fue la ciudad fronteriza de Meguiddo. Puede observarse la sorprendente belleza de la arquitectura.

—Te estábamos buscando —se disculpó el fiel guerrero con lágrimas en los ojos—. No sabíamos dónde te encontrabas. Yo mismo debí mandar una de las patrullas. Cuando regresé a Jerusalén ya se habían celebrado los funerales y tu madre estaba enterrada.

—He de comprender que no se le rindieron las honras de una reina: su cuerpo fue privado del homenaje del pueblo, tampoco recibió alojamiento en el Templo, ni se respetaron los tres días de luto.

—Nada de eso se hizo. Sólo tus esposas y concubinas la rezaron en sus habitaciones. También una representación de ellas, encabezada por la princesa Neftis, vistieron el cadáver de tu madre como se merecía, lo perfumaron y cubrieron de flores. Creo que todo sucedió muy deprisa.

—¡Yo me encargaré de que se haga justicia! —exclamó Salomón.

A partir de aquel momento se vistió de una tranquilidad amenazadora. Se concedió unas horas para asearse, cambiar de ropas y comer. Seguidamente, mandó llamar a los sacerdotes responsables de la ofensa y a todos ellos los entregó una orden de destierro: no podrían vivir a menos de diez jornadas a caballo de Jerusalén.

Ninguno de los castigados se quejó, porque quien los estaba condenando había asumido la máxima representación religiosa de Israel. Se limitaron a obedecer, dando gracias mentalmente de que siguieran vivos.

Luego se celebraron los funerales por Betsabé en forma de desagravio. Pero no se abrió el féretro, debido a que al faltar la intervención de los embalsamadores se temió que el cuerpo ya se encontrara en la fase de descomposición. Salomón estuvo a punto de ordenar que se levantará la tapa, aunque en el último momento entendió que debía recordar a su madre como la vio la mañana que él abandonó el palacio.

Existe la certeza de que el rey sabio nunca pudo superar esta pérdida, acaso más por haber comprobado que seguía teniendo enemigos muy peligrosos. Capaces de intentar humillarle cuando le tenían lejos o le creían más confiado.

Muestras del poderío de Salomón

Salomón no sólo se encargó de engrandecer Jerusalén, pues mejoró todas las demás ciudades y pueblos. Los hallazgos arqueológicos han permitido saber que Meguiddo, que se encontraba en la llanura septentrional de Yezreel, disponía de una muralla que para así la hubieran querido los castillos medievales: dobles defensas, patios interiores donde se hallaban los hombres bien armados y una solidez en las construcciones capaz de resistir cualquier ataque.

A pocos metros de la entrada principal, siguiendo una calle empedrada, se encontraban los gigantescos establos. Allí llegaban a guardarse más de mil quinientos caballos, que se colocaban en dobles hileras, con las cabezas mirando al pasillo central y hábilmente atados a unos tocones. Estos se utilizaban además para apuntalar la techumbre. En medio de los postes se hallaban los pesebres de piedra. Se ha podido comprobar que el suelo era rugoso para que los cascos de las bestias no resbalasen.

Caballerizas similares se han encontrado en Tanak, en Eglón y en las fronteras de Judá. Por algo se tiene la certeza de que uno de los mayores negocios de Salomón era la compra de los mejores sementales en Musrí y Qoah para mejorar las razas autóctonas de Israel. Esto le permitía poder vender más de 50.000 caballos en todo un año, al mismo tiempo que se reservaba los mejores para su servicio y el de su pueblo.

Cuando Salomón empezó a pensar en el comercio marítimo debió fijarse en el Tiro fenicio, porque allí vivían los mejores marineros y constructores de barcos de la época. La fama de éstos ya era legendaria. De sus astilleros salían los mejores barcos, para que unos expertos timoneles los llevaran por todo el mar Mediterráneo hasta, por ejemplo, los puertos de Tarsis (este territorio se hallaba en la Andalucía actual, acaso fuese la legendaria Tartesio). Siempre comerciando para traer oro, plata y otros metales preciosos.

La alianza que mantenía con Jirán, permitió que el Rey Sabio pudiese disponer de los mejores instructores. Lo mismo que le había ayudado a edificar el Templo y el Palacio en Jerusalén, con su colaboración aquél pudo establecer varios puertos y construir sus propios barcos. Nos cuenta la leyenda que uno de los primeros viajes de las embarcaciones israelitas a Tarsis sirvió para recoger varias parejas de monos y de pavos reales, que después se adaptarían perfectamente al clima del nuevo país, hasta el punto de multiplicarse de tal manera que, siglos más tarde, muchos creyeron que en las tierras de las doce tribus siempre se encontraron estos animales.

Quizá una de las mayores hazañas marítimas de Salomón fuese la construcción de un astillero en Esyon-Gueber. Se cree que él dirigió personalmente las obras. Gracias a esto sus barcos pudieron navegar hasta la India y China, de donde trajeron sedas y especias que antes recibían muy esporádicamente, pues el comercio con las naciones orientales siempre había sido bastante restringido y por medio de las caravanas.

Actividades culturales de Salomón

Cuando el hijo del rey David se sentó en el trono Israel sólo contaba con medio millón de habitantes, que se extendían por un país inmenso. Diez años más tarde habían doblado su población; y a los veinte ya eran dos millones. Estos datos nos permiten comprender la inmensa prosperidad del pueblo, dado que ninguna familia, menos las que tenían unos antepasados pastores, deseaban multiplicar su descendencia en periodos de crisis. Por otra parte, debieron reducirse en gran medida los índices de mortalidad infantil, gracias a unas viviendas mejor aireadas, una alimentación variada y unas actividades menos peligrosas.

Ya hemos escrito que Salomón miró a Egipto para incrementar su cultura. Amaba a esta nación y, a la vez, la envidiaba positivamente. Desde el momento que se casó con una de las hijas del Faraón, el intercambio cultural entre los dos países se realizó de una forma más abierta. No sucedió lo mismo con los grandes saberes de corte mágico o religioso, como pudieran ser los relacionados con la construcción de las pirámides, la astrología y otras ciencias, ya que esto lo obtuvo "bajo cuerda", por medio de algunos desertores, los cuales no respetaron el juramento de mantener en secreto sus conocimientos.

Son muchos los historiadores que están convencidos de que a Salomón se le debe la iniciativa de encargar que se escribiera la historia de Israel. Le importaba conservar el recuerdo de su padre David, los Salmos compuestos por tan gran poeta, a la vez que sus propias obras: *Libro de los Proverbios*, *el Cantar de los Cantares* y otras.

No ha de sorprendemos que la escritura alcanzara en este tiempo un nivel muy alto. El hecho de que Israel se hubiera convertido en uno de los centros comerciales más importantes del mundo, trajo consigo que el oficio de escriba fuese uno de los más solicitados. Así nacieron escuelas de escritura, como lo prueba el "Calendario Guezer". De esta manera un arte que hasta entonces había sido para muy pocos, debido a que la cultura iba unida a los sacerdotes y las élites, pasó a ser un bien de muchos.

Las primeras formas de la Biblia

Eugene H. Maly en su libro "El mundo de David y Salomón" proporciona esta interesante información:

...Una de las grandes creaciones de este tiempo es la elevación de David a la fama y a la gloria, conservada en 1 Rey. 16, 14; 2 Rey. 5, 10; y otra es la aún más famosa narración de 2 Rey. 9, 20; y el 3 Rey. 1-12, que registra la historia de la corte de David y narra en una prosa magnífica el reinado de éste y las dificultades existentes alrededor del problema de la sucesión real. No existe literatura histórica en el mundo antiguo que sobrepase las calidades de esta pieza maestra.

Otro proyecto de mucha más amplia proporción y de no pequeño valor literario, es la denominada historia Yahvehísta, que se encuentra incorporada en el Pentateuco. El autor de ésta, que probablemente vivió en tiempo de Salomón, concibió la idea de escribir una historia religiosa de Israel que abrazara no solamente el periodo de sus antepasados de las épocas patriarcales, sino toda la prehistoria. La conceptualización de tal historia es, en sí un fenómeno cultural único en el mundo antiguo. La forma en que el autor ha llevado a cabo su objetivo es igualmente maravi-

llosa. Mediante el empleo juicioso de materiales sacados de leyendas, folklore, historias familiares, etiologías, canciones y sagas nacionales ha producido una interpretación religiosa de la historia que es grandiosa tanto por la unidad de su plan como por la profundidad de sus intuiciones.

Este documento J, como se llama por haberse tomado la primera letra de su deletreo en lengua alemana, es también importante por otras razones además de por su aportación a la cultura. Su teología refleja una intuición muy significativa en el mundo de David y Salomón, intuición de un hombre que estaba convencido de que los hechos maravillosos de Dios, que elevó a un joven pastor de Judá a la realeza, sobre todo Israel, y que escogió la tribu de Judá con preferencia a otras del norte de más antiguo establecidas, fueron el punto culminante de una serie de actos salvíficos en los cuales habían sido elegidos éstos por Yahvé enfrentándolos con el poder superior de Egipto en el tiempo del éxodo. En realidad, su convicción de lo que Dios había hecho por Judá le suministró el principio básico para su total teología de todo lo que se refería a la historia de la salvación. La historia muestra que el hombre, dejado a sí mismo, revela incapacidad para conseguir ninguna grandeza; pero Dios no toma en consideración los valores humanos en el pleno desarrollo de sus planes; esto se manifiesta en su elección del desconocido Abraham, en la de Isaac sobre Ismael, de Jacob sobre Esaú, del humillado Israel sobre el faraón de Egipto, de David sobre Saúl y de Judá sobre las demás tribus. En el contexto de la teología J, por tanto, obtenemos una visión más profunda de lo que significa el mundo de David y de Salomón.

Estas producciones literarias son, incuestionablemente, las mayores creaciones culturales que conservamos del periodo y fácilmente podemos imaginar que existían muchas más de distintos tipos. Naturalmente, nada nos queda del Templo de Salomón, pero probablemente su esplendor fue parecido al de los templos paganos de aquella época. Igualmente, el contacto con Fenicia, que a lo que parece fue el modelo de la grandeza arquitectónica que existió, aceleró el florecimiento de muchas de las artes. Los fenicios y los cananeos en general, fueron maravillosos en multitud de formas artísticas, pudiendo mencionarse entre ellas las del canto y las de la composición de piezas musicales y litúrgicas. En 3 Rey. 4, 31 se mencionan los nombres de Etan, Heman, Calcol y Dorda, como "los hijos de Mahol", designación que se refiere a su profesión de maestros de coro. Su conocimiento de la música les hace elegibles como videntes, tal como exige el contexto. La sabiduría era para el antiguo semita de tipo práctico. Sin embargo, el punto especial al que nos queremos referir es que los nombres de estos maestros de coro son, al parecer cananeos, como Albright ha indicado, lo cual

Quizá una de las mayores hazañas marítimas de Salomón fuese la construcción de un astillero en Esyon-Gueber. Se cree que él dirigió personalmente las obras...

parece sugerir que los primeros cantores litúrgicos de Israel fueron suministrados por la población nativa, que era pagana. Esto no debe causar sorpresa desde el momento que la disposición del templo fue calcada de modelos paganos. Tampoco existe razón para discutir la adopción y adaptación de los salmos cananeos a la adoración en el Templo de Jerusalén. También en este aspecto las realizaciones culturales de Israel fueron, como podría esperarse, copiadas.

Es muy difícil señalar los comienzos de la adoración litúrgica en el templo, pero puede uno fácilmente imaginar que el rey de Jerusalén tendría gran interés en emplear para su nuevo y magnífico templo todo lo mejor. Aunque pudo haber dependido de otros en su movimiento inicial tuvo que darse un despenar simultáneo de nuevos talentos entre los nativos israelitas. La repetida lectura de los Salmos en su larga historia a fin de hacerlos adaptables a las sucesivas generaciones, ha hecho que sea difícil, y a veces imposible, remontarse a su forma original y a la época en que fueron compuestos; pero tomando como base las composiciones en prosa cuya pista se sigue hasta el reinado de Salomón podemos sostener con razón, que muchos de los Salmos fueron compuestos también entonces. Los cantores, para los cuales tan dadivosamente procuró Salomón liras y arpas (3 Rey. 10, 12), debieron disponer de algunos cantos nativos.

Ningún otro periodo en la historia de Israel favoreció probablemente tanto el florecimiento de la verdadera cultura del país. Todos las tribus estaban unidas en sus ideales religiosos y políticos; y se hallaban libres de la amenaza de un poder militar extranjero. La prosperidad trajo consigo el tiempo libre necesario para el despenar cultural. El contacto con las grandes fuentes de cultura fue para Israel un enorme incitivo. En ningún otro tiempo se aliaron todos estos factores tan admirablemente como en los días de Salomón. El muchacho que garrapateó su primer alfabeto copiándolo del "Calendario Guezer" fue probablemente imitado una y otra vez. Esta edad marcó el alborear de la cultura israelita en su sentido estricto.

La entrega de "Tierrabaldía"

Es posible que Salomón se encontrara tan satisfecho con la alianza que venía manteniendo con Jirán, el rey de Tiro, que terminó vendiéndole veinte villas de la provincia de Galilea. Una decisión que nos resulta un tanto incomprensible, aunque vamos a mencionar más adelante un dato que puede aclarar el asunto.

Hay quien cree que este monarca fenicio se hallaba emparentado con el rey de Israel, al que había entregado una de sus hijas como esposa. Algo que en aquellos tiempos se utilizaba, lo mismo que en siglos posteriores, para consolidar tratados de paz y comerciales.

El hecho es que cuando el rey Jirán fue a ocupar lo que había comprado, pudo comprobar que era un desierto. De ahí que lo llamase "Tierrabaldía". Debemos entender que se enojó muchísimo, ya que exclamó:

—¡Menudas villas que me has entregado, hermano!

Por las mismas había pagado 4.000 kilos de oro, lo que suponía una inmensa fortuna. Hemos de ver esta singular venta como la prueba de que la edificación del Templo y el Palacio de Jerusalén había dejado las arcas de Salomón vacías. De ahí que realizase una transacción que no compagina con su idea de que estaba reinando sobre un Imperio, al que él se había encargado de transformar en un foco de atracción para todo el mundo.

X. LA REINA DE SABA

La visita más exótica

Muchos eran los hombres y mujeres importantes que habían llegado a Jerusalén atraídos por la fama de Salomón y de todos sus logros. Sin embargo, cuando entró un mensajero en Palacio anunciando la próxima visita de su soberana, la reina de Saba, el monarca sabio tuvo en cuenta lo mucho que había oído hablar de esta mujer a Sittar, el príncipe sabeo hermano de ella, al que rescató de las prisiones de Tiro y, más tarde, dio trabajo como maestro de obras durante los primeros años de la construcción del Templo.

Como la visitante tardaría en llegar unos dos días, hubo tiempo para disponer el recibimiento. Así el mismo Salomón encabezó un pequeño séquito de jinetes a caballo, formado por dos de sus ministros, seis soldados y otros doce a pie junto a una veintena de esclavos.

Momentos después, el rey de Israel detuvo su brioso corcel egipcio ante el carro en el que venía Belkis, la reina de Saba. La encontró sentada en una carro impresionante, bajo un quitasol. A pesar de ir recargada de collares y llevar un gran manto azul, así como una diadema, pudo apreciar que era muy alta, de ancho esqueleto. También apreció el color miel de su piel y que su cabello trenzado ofrecía una negrura resplandeciente. Sobre el velo que cubría la cabeza aparecía una guirnalda con flores cinceladas. Las mangas del vestido resultaban muy amplias, y adornaba con tres volantes los bajos de su ancha falda. Debió reconocer que tenía delante a una mujer muy hermosa.

El carro iba conducido por una joven y se parecía mucho a los egipcios. Los dos personajes se concedieron un tiempo para observarse, hasta que ella rompió el silencio utilizando la lengua hebrea con bastante soltura:

—¿Me encuentro ante el famoso rey sabio Salomón?

—Ese soy yo, admirada reina.

—Vengo de lejanas tierras atraída por las maravillas que se cuentan de ti y de tu ciudad. Confío en que me aceptes como tu huésped durante unos días.

—Israel siempre ha tenido fama de hospitalaria con los extranjeros. Mucho más con los que vienen en son de paz.

La comitiva de la reina de Saba la formaban más de cincuenta camellos, de los cuales veinte iban montados por guerreros que llevaban las espadas envainadas, mientras que los otros treinta iban cargados con los bultos en los que se guardaban los valiosos obsequios que iban a ser entregados a Salomón. También venían una veintena de arqueros a pie, todos ellos vestidos con faldillas de colores y con los carcajes llenos de flechas en la espalda.

En seguida los dos grupos se unieron para entrar en Jerusalén, donde las gentes esperaban el paso de tan exótica comitiva. No obstante, fue Belkis la que mayor sorpresa recibió al contemplar unas murallas tan impresionantes, los cientos de casas de adobe de una y dos plantas y los animados bazares.

Allí donde llevaba su mirada veía que se estaban construyendo nuevos edificios, la mejor evidencia de la prosperidad de la ciudad. También le llamó la atención la mezcla de razas, de vestidos y de pieles, como si allí se hubieran dado cita las gentes de todos los rincones del mundo. Junto a los pozos artesanos descansaban las monturas de los comerciantes.

De repente, quedó anonadada frente a la espectacularidad del Templo y del Palacio, ya que se alzaban sobre un alto promontorio que dominaba toda la ciudad. Resplandecían bajo el sol al estar construidos con cedro y piedra pulimentada. No tardó en ser ayudada por Salomón, porque se encontraban ante la entrada flanqueada de columnas.

Después llegaron al largo Patio de las Columnas, para entrar en el Salón del trono y de éste al Pórtico de la Justicia. Aquí se despidieron para cuidarse de su aseo personal y cambiar de ropas.

Los regalos de la reina de Saba

Cuando Salomón se sentó en su trono ya habían sido encendido los braserillos que despedían un humo perfumado. Un grupo de esclavas sirias comenzaron a tañer sus arpas y citaras, a la vez que entonaban unas canciones que hablaban de amistad y respeto al extraño. Cerca se encontraban algunos de los ministros.

—¿Me encuentro ante el famoso rey Sabio Salomón?
—Ese soy yo, admirada reina.
—Vengo de lejanas tierras atraída por las maravillas que se cuentan de ti y de tu ciudad...

Poco tardó en aparecer la reina de Saba. Iba vestida con una túnica verde cuajada de piedras preciosas, había cambiado sus collares y brazaletes y las sandalias. Pero continuaba pareciendo tan hermosa como en el primer encuentro. La seguían varios de sus servidores, los cuales llevaban grandes cofres. Una sola palmada de su soberana bastó para que los abrieran, con la intención de que todos los presentes pudieran contemplar unos centenares de lingotes de oro, recipientes de barro llenos de piedras preciosas y un sinfín de frascos de todos los tamaños, colores y proporciones, que debían contener perfumes y algunos líquidos mágicos.

—Rey poderoso, considera que estos tesoros te son entregados como una prueba de reconocimiento a tu sabiduría —dijo Belkis, con una voz fascinante al servirse del hebreo de una forma sensual—. También como una especie de pago a tu hospitalidad. Porque he venido de muy lejos, sometiéndome voluntariamente a un viaje de dos meses, para escuchar tus palabras de oro.

Salomón se mostró muy complacido. Se puso de pie y dio un tono solemne a su salutación:

—Caros son los presentes que has traído. Ahora escucha mi agradecimiento, ¡oh reina! De Yahvé es el poder, por eso a todos nos brinda la misma entrada y la misma salida; sin embargo, somos pocos los que hemos encontrado la sabiduría. Yo amo este don más que la hermosura y la salud, pues se ha convertido en una luz inextinguible. Ahora te digo, oh reina de Saba, que habites en la "Casa del Líbano", comas y bebas a mi lado y, luego, podrás formularme las preguntas y los enigmas que gustes. Mis labios te proporcionarán las respuestas, con el único propósito de que el resplandor de mis adivinaciones te permita seguir el mejor camino.

Estas palabras impresionaron a la visitante, lo que no le impidió iniciar una conversación menor. Pero en ningún momento dejó de mostrar una cierta impaciencia, porque estaba deseando que llegase el momento de poder formular a Salomón las grandes preguntas, todas ellas en forma de enigmas, que había venido preparando minuciosamente durante su largo peregrinaje.

Ahora tocaremos una cuestión clave: ¿se enamoró la reina de Saba de Salomón nada más verle? La leyenda ha dejado escrito que sí, y hasta que su pasión le desbordaba por todos los poros.

Es posible que su educación le permitiese mantener el control, especialmente cuando le fueron presentadas las esposas principales de su anfitrión. Algo habitual en aquellos tiempos, dado que la grandeza de un harén formaba parte del prestigio de un soberano. No obstante, las miradas que la princesa egipcia Neftis y la reina de Saba se cruzaron, no fueron nada amigables, especialmente por parte de la primera: acababa de descubrir que tenía una rival muy peligrosa.

Le había ocurrido otras veces, especialmente cuando su poderoso marido traía nuevas esposas o concubinas demasiado jóvenes y bellas. Seguían unas dos o tres noches de abandono y, al final, él volvía a ella, porque continuaba siendo la primera... ¿Iba a suceder lo mismo en el momento que tratase carnalmente a aquella exótica mujer venida del otro lado del Mar Rojo? Por vez primera vez dudó, y los celos le llevaron a pensar en Horus y en Ra, las divinidades de su país en las que más confiaba, a pesar de que ya hubiese aceptado a Yahvé como su único Dios. Quizá le conviniese realizar algún conjuro en el caso de que la extranjera resultara demasiado peligrosa.

La curiosidad de una provocadora

La reina de Saba mostró una gran curiosidad desde los primeros momentos. En ningún instante dejó de preguntar mientras visitaba el Templo, para dar idea de que le interesaba la utilidad que se daba al "Mar" (el inmenso recipiente con capacidad de 80.000 litros de agua que estaba sostenido por doce toros) y a las otras obras de arte.

Poco más tarde, durante la hora de la comida, como había pedido sentarse al lado de Salomón, a pesar de que con su actitud rompía el protocolo, se transformó en una hábil provocadora con su curiosidad insaciable:

—Majestad, si os dijera algo como esto: "Sirvo de adorno a los ricos, soy harapo para los mendigos, comida de las abejas y la muerte de los peces", ¿qué me diríais?

—Pues que estáis hablando del lino. Como vestido cubre a los ricos, y cuando queda hecho unos harapos tapa parcialmente a los mendigos. En el momento que sólo es una flor, liban en ella las abejas. Pero al ser convertido en una red, sirve para sacar los peces del agua dulce o salada.

—Es líquido y no brota de las nubes, ni sale de los ríos y los mares. ¿A qué me refiero?

—Pueden ser a las lágrimas o el sudor.

—En vuestra tierra y en la mía, Majestad, hay tres cosas cuyos andares son muy hermosos y hasta nobles.

—Debéis referiros al león, cuya hermosura y nobleza le ha convertido en el rey de los animales. Parecida imagen ofrece el gallo que ha conseguido dominar sobre un gran corral, con lo que tiene a su merced un harén de gallinas. No anda detrás de los anteriores el macho cabrío, cuya fortaleza y experiencia le permite dirigir el rebaño, a semejanza de un soberano en el momento que está arengando a su pueblo.

—Me has contestado con gran rapidez. No creo que reacciones de la misma manera si te hablo de unas criaturas minúsculas, que a la vez son las más inteligentes que se pueden encontrar en la faz de la tierra. ¿Sabrías responder a este misterio?

—Claro que sí. Has descrito a las hormigas. Nunca van solas, debido a que su poder lo consiguen agrupadas. Otros animales prodigiosos son las marmotas: a pesar de su aparente debilidad son capaces de perforar sus nidos en las rocas. Después se encuentran las langostas, que no necesitan ninguna guía para volar perfectamente organizadas. Por último, he de citar a las lagartijas, para las que no existen lugares inaccesibles, debido a que podrían entrar aquí mismo aprovechando la más pequeña rendija de las puertas.

—Tendría que aplaudirte, Majestad —comentó la seductora extranjera—. Pero lo reservaré para otro momento, ya que pretendo plantearte unos enigmas más complicados. Si he venido a Israel es para conocer el alcance de tu sabiduría. ¡Y te aseguro que pienso conseguirlo!

—Siempre me tendrás a tu entera disposición, oh reina —aceptó Salomón el desafío con una sonrisa.

El primer enigma

La noticia de que una reina extranjera había venido a Jerusalén, además de para admirar la ciudad, con la intención de desafiar la sabiduría del rey Salomón, originó una grandísima expectación. Podríamos compararlo a cualquiera de los grandes acontecimientos olímpicos actuales o a un duelo entre los dos grandes maestros del ajedrez. Sin embargo, pocos consiguieron encontrarse presentes en el pórtico de la "Casa del Líbano".

—Es líquido y no brota de las nubes, ni sale de los ríos y los mares. ¿A qué me refiero?
—Pueden ser a las lágrimas o el sudor.

Salomón se presentó vestido de la forma más sobria, tomó asiento en el trono y autorizó a que se sentaran sus ministros y los funcionarios de más alto rango. Todos éstos no llegaban a ser más de diez. Entre los demás curiosos se encontraban varios sacerdotes y una representación de la guardia real. Pero allí no se hallaban ninguna de las esposas y concubinas del monarca sabio.

Cuando apareció la reina de Saba, todos pudieron apreciar que venía acompañada de un anciano de piel negra, barba blanca, elevada estatura y vestido a la usanza egipcia. Ofrecía todo el aspecto de un mago.

—Es Tehrak, mi astrólogo —le presentó Belkis—. Si te pasó desapercibido en mi llegada fue porque le gusta mezclarse con mis servidores para no llamar la atención. Si no te importa, Majestad, él asumirá el papel de árbitro: de su boca saldrá el veredicto sobre la solución de los enigmas que me dispongo a proponerte. ¿Lo consideras correcto?

—Sí. Acertada manera la tuya de asegurarte un resultado que no temo —respondió Salomón—. Ahora puedes comenzar a preguntar, oh reina.

—Oye el primer enigma que voy a plantearte: me encuentro sola en las selvas de mi país, la espesura es tan densa que he perdido el rumbo, hasta que rendida y agotada llego a un calvero. Me siento aliviada porque cerca hay un riachuelo; sin embargo, al aproximarme a la orilla me cierran el paso un leopardo de piel resplandeciente, que me mira con ojos asesinos, y una pantera blanca que ni siquiera me observa. ¿Qué debo hacer? ¿Cuál de las dos terminará devorándome?

Salomón no debió reflexionar para ofrecer su respuesta al momento:

—Esa espesura tan densa son tus dudas respecto a la religión que mantiene tu pueblo, pero en la que no crees. El calvero lo veo como mi ciudad de Jerusalén. El leopardo de mirada asesina es el dios pagano que te amenaza, porque en ningún momento te permitiría abandonarlo. La pantera blanca es Yahvé, el Dios de Israel, al que consideras indiferente a tu suerte. El primero nunca podría devorarte, siempre que buscases la protección del segundo, Yahvé el Dios de Israel, con sincera fe. Cierto que te hallas tan llena de dudas que va a costarte tomar una decisión al respecto.

La reina de Saba miró a Tehrak, y éste movió la cabeza en señal de aprobación. Algo que vino a significar que el primer enigma había sido muy bien interpretado.

El segundo enigma

Belkis tomó asiento en una silla baja, sin separar sus ojos del rostro de Salomón, y comenzó a plantear el segundo enigma:

—Siempre he estado orgullosa de los jardines de mi palacio, porque nunca han dejado de ofrecerme flores en todas las épocas del año. Pero aquella mañana descubrí una nueva flor. Deseos me asaltaron de preguntar cómo había podido crecer allí, cuando yo estaba bien informada de las semillas y las plantas que se cultivan en el jardín. Cogí la flor nueva y, cuando me disponía a oler más cerca la intensidad de su aroma embriagador, descubrí aterrorizada que se estaba marchitando en mis manos. Me alejé muy entristecida y, al volver horas después, pude comprobar que todo el jardín se había marchitado. ¿Puedes explicarme la causa de este daño?

—Es muy sencillo, oh reina. Te refieres a un suceso bastante reciente que sucedió en tu palacio. Una mañana descubriste que un siervo extranjero, muy atractivo y de modales corteses, se encontraba en tus aposentos. Te dispusiste a hablar con él; pero fuiste a tropezarte con que te daba la espalda y, antes de echar a correr, comenzaba a insultarte y a proferir amenazas contra tu reino. A las pocas horas, te informaron que todos tus servidores se habían sublevado contra ti. Casi enloqueciste. Por fortuna, tu guardia personal te continuaba siendo fiel y pudo detener la revuelta. En realidad, si te hubieras fijado más en esos servidores que te rodeaban, hubieses evitado la sublevación al ser más justa.

—¡Qué grande es tu sabiduría, poderoso Salomón! —exclamó Belkis poniéndose de pie—. En este caso has ido más lejos de interpretar un enigma, ya que has adivinado lo sucedido a más de dos meses de camino de Jerusalén. ¿Cómo lo has conseguido?

—Un simple proceso de deducción, en el que se combina el saber escuchar y no perderse ni un solo gesto, movimiento e inflexión de voz del que habla. Reconoce conmigo que había cierta angustia en tu voz, porque el grave incidente nunca lo olvidarás.

—En efecto... —La reina hizo una pausa, compuso un gesto de temor algo cómico y, después, musitó—: ¿Sabes que si yo fuera tu esposa me sentiría asustada al tener la certeza de que eres capaz de leer mis pensamientos?

—No llega hasta esos extremos mi poder. La mente de quienes amo o aprecio es una barrera que nunca he conseguido superar, aunque en muchos momentos lo he deseado —bromeó Salomón.

En esta ocasión no había sido necesario consultar a Tehrak, porque el segundo enigma acababa de ser resuelto.

El encuentro más apasionado

La esposa egipcia, la primera en el corazón de Salomón, supo retirarse a tiempo, sin recurrir a los conjuros. Después de haber sido informada de lo ocurrido con el desafío de los enigmas, pudo más en ella la prudencia de una mujer astuta que los celos. La reina de Saba continuaba siendo una rival muy peligrosa; sin embargo, en el caso de haber despertado el amor de un hombre tan sabio, ¿no hubiera supuesto su propia destrucción, al ser repudiada, el hecho de intervenir para obstaculizar lo inevitable?

Siguieron días en los que la extranjera acaparó totalmente la atención de su anfitrión. Juntos visitaron los talleres de los orfebres, en los que se labraban las más hermosas vasijas de bronce, o en esos otros bien defendidos, ya que allí se encontraban los artistas que se cuidaban de la talla de los diamantes y otras piedras preciosas.

—Una de las costumbres que más me asombra de Jerusalén es el amor a los ancianos y el cuidado que se presta a los enfermos y lisiados —comentó un día Belkis, apoyada en la balaustrada de uno de los miradores de Palacio.

—Nuestro pueblo lo fundaron patriarcas de gran edad, todos ellos muy sabios. Pero ninguno dejó de buscar el apoyo de Yahvé nuestro Dios. Yahvé nos dijo: "amarás a tu prójimo como a ti mismo". No hizo distinciones en la entrega de nuestro afecto.

En aquel instante ella se giró para que sus ojos encontrasen los de aquel hombre tan magnífico. Sin poder contener su pasión, convirtió en palabras parte del fuego que devoraba su cuerpo:

—¡Cuando te escucho lo único que deseo es que me aceptes como esclava, aunque mi única misión sea la de lavarte los pies, Salomón! ¡De esta forma nunca me separaría de ti!

Las manos de ambos se encontraron; y como si estuvieran dando unos pasos de danza avanzaron hasta los aposentos interiores. Deseaban el encuentro, habían avivado tanto su sensualidad que el carbón necesitaba el fuego para alcanzar esa temperatura que impone el desnudo. Nunca para huir del calor, sino para buscarlo en el contacto de unas pieles que iban a mantener una aproximación total, sin dejar de moverse a un ritmo incontrolado. Jamás un juego ya que eran adultos.

Mucho se ha escrito sobre las relaciones amorosas de Salomón y la reina de Saba. Algunos pretenden demostrar que se casaron y vivieron juntos muchos años, continuamente entregados a la pasión y a los juegos sensuales...

Y cuando el rey poseyó a la reina a su manera, después de una hora de un preámbulo amoroso en el que los besos, las caricias y los abrazos demostraron la calidad de los sentimientos, ella sólo pudo balbucir:

—Ya nunca más seré un enigma para ti, mi gran amado, porque me has conocido por completo... ¡Y me has dejado tu simiente! ¡Qué regalo más extraordinario!

Un amor de leyenda

Mucho se ha escrito sobre las relaciones amorosas de Salomón y la reina de Saba. Algunos pretenden demostrar que se casaron y vivieron juntos muchos años, continuamente entregados a la pasión y a los juegos sensuales. Lo más creíble es que ella se marchara a las pocas semanas, con el propósito de dar a luz en su reino. Sin embargo, los dos amantes decidieron mantener un contacto frecuente por medio de las aves, como la abubilla, las cuales llevarían anilladas en sus patas los mensajes.

También se llevó Belkis un anillo de Salomón, que luego entregaría a su hijo Ibn-el Hakim (nombre árabe que significa el *descendiente del Sol*) cuando lo envió a Jerusalén para que se educara junto a su padre. El joven encontró de esta manera al mejor maestro: le enseñó parte de su saber y le convirtió a la religión hebrea. También le cambió el nombre por el de Menilehek.

Menilehek I volvió a su país, donde reinó siendo considerado el soberano más sabio. No lo era tanto como Salomón, pero sus conocimientos se consideraron muy superiores a todos los que se habían acumulado en aquel lugar del mundo. Por este motivo dio comienzo a una dinastía de "rey de reyes", que seguiría gobernando un país africano, el cual terminaría siendo llamado Etiopía, hasta los años 70 del siglo XX. Sin embargo, la monarquía sufrió muchos periodos de vacío, especialmente por culpa de las invasiones musulmanas. Hacia el siglo XVI, con la llegada de los portugueses recuperó sus tradiciones, aunque ya la religión se hizo cristiana, hasta quedar bajo el rito copto monofisita que se hallaba desgajado de influencia de Roma y de Europa.

Lo que allí nunca se ha olvidado es el amor que unió a Salomón con la reina de Saba. A pesar de que en 1974 fuese derrocado el soberano de Etiopía, Haile Selassie, que se hacía llamar "León de Judá", se continúa guardando la más fascinante leyenda. La propia de un Iniciado que hasta en el amor resultaba sublime.

XI. LA SOBERBIA DE QUIEN SE CREYÓ UN DIOS

El tesoro no dejaba de aumentar

Resulta muy curiosa la manera como algunos países comienzan a enriquecerse en el momento que obtienen de otros que dejen de mantener en exclusiva importantes sectores comerciales e industriales. Nos referimos al momento en que Tiro o Fenicia se encontró sin autoridad para imponer que sólo ella podía fabricar armas, herramientas y objetos metálicos. Esto provocó que si antes había tenido un gran competidor en Egipto, pasara a verse rebasada por Israel. Lo mismo podríamos decir en el terreno de la cría caballar, aunque en este caso las perjudicadas fueron otras naciones en beneficio de la hebrea que con tanta pericia gobernaba Salomón.

La sabiduría de éste no sólo era científica o adivinatoria, ya que cubría todas las facetas de la existencia. Varias de las primordiales se encontraban en las áreas del comercio exterior, especialmente al haberse convertido Israel en la vía de paso de las caravanas que venían del Este y del Sur. Sabemos que cobraba fuertes sumas por el derecho de fronteras.

Con las vías marítimas abiertas para navegar más allá del Mar Rojo, se importaban grandes cantidades de piedras preciosas y madera de sándalo. Una gran parte de esta riqueza se exportaba. En la Biblia se nos dice que el monarca sabio obtenía cada año más de 23.300 kilos de oro, sin incluir en esta cantidad los impuestos que pagaban los comerciantes, los reyes de Arabia y los gobernadores de las doce tribus israelitas.

Sin embargo, tanta riqueza le llevó a utilizarla de una manera que podríamos considerar exagerada, como eso de ordenar que se fabricaran doscientos escudos de oro batido, cada uno de los cuales pesaba 6,5 kilos y 300 adargas del mismo metal, cuyo peso total era de 150 kilos. Porque su destino fue servir de adornos en el interior del Palacio.

Es posible que su mayor exhibición de soberbia debamos verla en el hecho de que se hiciera construir un trono de marfil recubierto de oro fino. Este prodigio disponía de seis gradas, una cabecera y un respaldo redondeados; además, dos leones de metal sostenían los brazos y otros doce aparecían de pie en los laterales de las gradas. Si su verdadera intención fue la de deslumbrar a los visitantes, estamos convencidos de que lo lograría. Lo que no pudo evitar fue que las gentes comenzasen a rumorear que Salomón pretendía equiparse a Dios.

Si a lo anterior añadimos que toda la vajilla y el ajuar real eran de oro, debemos entender que el Rey Sabio deseaba encontrarse en contacto permanente con el más valioso de los metales. ¿Acaso porque era lo único que podían tocar sus manos "divinas"?

Ahora veamos lo que nos dice la Biblia:

En riqueza y sabiduría, el rey Salomón superó a todos los reyes de la tierra. De cualquier parte del mundo venían a visitarlo, para aprender la sabiduría de que Yahvé le había llenado. Y cada cual traía su obsequio: vajillas de plata y oro, mantos, perfumes y aromas, caballos y mulos. Y así todos los años.

Salomón juntó carros y caballos. Llegó a tener 20.400 carros y 42.000 caballos. Los acantonó en las ciudades con cuarteles y en Jerusalén cerca del palacio. Consiguió que en la capital la plata fuese tan corriente como las piedras, y los cedros como los sicómoros de Sefela.

Con estos datos podemos entender que los israelitas se afianzaran en su idea de que habían conseguido un Imperio. Una idea que el rey David inició con sus conquistas y, sobre todo, al reunificar los intereses de las doce tribus de Israel; sin embargo, con Salomón se consolidó: lo hebreo poseía consistencia para elevarse al primer lugar del mundo, servir como ejemplo y expandirse hasta los cuatro puntos cardinales, sin perder jamás sus tradiciones y su amor a Yahvé.

Cuando el amor a Yahvé se resquebrajó

Salomón se había excedido al casarse con tantas princesas extranjeras. Acaso el dato bíblico de que llegó a disponer de setecientas mujeres y trescientas concubinas resulte exagerado. Lo que no se puede dudar es que su harén siempre se encontró bien surtido de princesas extranjeras y beldades de su propia tierra.

Ya sabemos que nunca impidió que sus esposas "paganas" siguieran adorando a los dioses que traían de sus países. Si durante más de treinta y cinco años había conseguido que todas ellas efectuasen sus ceremonias religiosas en privado, un mal día tomó la decisión de establecer en Jerusalén lo que podríamos considerar "libertad de culto". Pero hizo algo más: financiar la construcción de templos paganos en honor de Horus, Moloch, Astarté y otros.

Un mal día tomó la decisión de establecer en Jerusalén lo que podríamos considerar "libertad de culto". Pero hizo algo más: financiar la construcción de templos paganos...

De esta manera resquebrajó la imagen de Yahvé, porque éste no permitía ningún tipo de idolatría. Diremos más: Yahvé había amenazado a Salomón con romper todas sus promesas en el caso de que cometiese un pecado de este tipo... ¿Es posible que lo hubiese olvidado un hombre tan sabio? ¿No hemos de ver en su comportamiento una muestra de soberbia al pretender equipararse con el mismo Yahvé?

Algunos historiadores más benévolos han querido ver en el rey de Israel una especie de "promoción del turismo": si llegaban tantos extranjeros a la ciudad, ¿por qué no permitirles que celebraran sus cultos en los templos correspondientes? Lo cierto es que son más los que aceptan la idea de que las mujeres extranjeras de Salomón terminaron por convencerle para que rompiese la promesa hecha a Yahvé.

El nacimiento de Roboán

Por aquellas fechas una esposa amonita dio a Salomón un hijo, al que se le puso el nombre de Roboán. Se supone que antes habían venido al mundo más de cincuenta de las otras mujeres; sin embargo, por algunas circunstancias que no hemos conseguido explicamos, éste último fue considerado el idóneo para convertirse en el heredero.

A los pocos días se le presentó en el Templo, fue circuncidado a la manera mosaica y, después, se le devolvió a su madre para que lo criase con un mimo especial, ya que su destino se hallaba asegurado.

Las gentes habían temido que el título de sucesor real recayera en Menelek, el hijo de los amores adúlteros entre Salomón y la reina de Saba, debido a que ya llevaba dos años en Jerusalén y su padre le estaba dando un trato superior al que recibían los demás príncipes.

Otros de los peores tragos para los israelitas fueron las sucesivas llegadas de los sacerdotes paganos, que venían a cuidarse de los templos que se estaban terminando de construir en lugares bastante destacados de la ciudad. Porque la mayoría de estos magos, adivinos y nigromantes no se privaban de aparecer con grandes comitivas y rodeados de una provocadora aparatosidad. Esto desencadenó la alarma.

No obstante, era tanto el poder de Salomón que nadie se atrevió a ir más allá de los comentarios, aunque éstos se hallaran cargados de un gran descontento y de mucha repugnancia.

Por otra parte, el Rey Sabio ya contaba más de cincuenta y ocho años. Se hallaba en el techo de su sensualidad, pero bordeando la pendiente negativa. Nunca había dejado de emparejarse con una o varias de sus mujeres todos los días. Marca que se hallaba reducida en aquellas fechas a un encuentro apasionado. Quizá estuviera pasando por un tiempo de obsesiva dedicación a lo carnal, lo que le mantenía alejado de su pueblo.

La inauguración del templo de Moloch

Cuando estuvo construido el templo dedicado al dios fenicio Moloch, Salomón se atrevió a anunciar que se hallaría presente en la inauguración del mismo. Iba a acompañar a su esposa amonita y haría la presentación de Roboán, el hijo de ambos.

La mañana de la ofensa los reyes salieron de palacio acomodados en sendas literas de cedro, adornadas con incrustaciones de oro y marfil y cubiertas con alfombras traídas de Arabia. La princesa amonita llevaba en los brazos a su hijo. La comitiva se formaba con ocho canos de guerra, un grupo de guerreros y una veintena de esclavos fenicios.

Cuando atravesaron Cedrón, para ascender por el monte en cuya cima se encontraba el nuevo edificio pagano, ni uno solo de los ciudadanos israelitas se encontraban en las calles. Sólo componían el reducido número de curiosos algunos extranjeros. Tampoco se escucharon vítores triunfales, ni gritos de salutación. Porque Jerusalén entera guardaba silencio, como si no pudiese creer que la afrenta iba a ser consumada... ¡El rey de Israel se disponía a entrar en un edificio pagano para reconocer personalmente el derecho a que en la ciudad de Yahvé se practicara la idolatría!

No ha quedado registrado lo que hicieron los reyes en el interior del templo de Moloch, aunque se puede deducir fijándose en otros comportamientos de los soberanos fenicios: debieron prosternarse ante un cono de piedra, que representaba al dios amonita, y quemar el incienso contenido en una copa de oro. En seguida la princesa presentó a su hijo delante de Moloch, al que terminó ofrendando una corona de flores que ella había llevado en la cabeza. Al momento los sacerdotes cantaron un himno y, después de unos cortos rezos, se dio por finalizada la ceremonia... ¡El gran pecado de Salomón estaba totalmente materializado!

La rebelión de Jeroboán

Al día siguiente, cuando el monarca había acabado de desayunar se encontró frente al ministro Azarías y al administrador Adonirán. Se mostraban muy agitados. Antes de escucharlos supo que le traían las peores noticias. Se arrodillaron delante de él y el primero dijo:

—El sacerdote Jeroboán se ha rebelado contra vuestro poder, Majestad. Pero no está solo, ya que le acompañan algunos sacerdotes y varios centenares de hombres de Jerusalén. Ahora mismo deben encontrarse en la parte alta de la ciudad.

—¡Mi implacable justicia caerá sobre Jeroboán y los demás enemigos! —exclamó Salomón, igual que si se estuviera enfrentando a la indignad de unos seres inferiores que se atrevían a desafiar a todo un "dios"—. ¡Que ochenta valientes de mi guardia personal monten en sus canos, desenvainen las espadas y vayan a detener ese levantamiento!

Con este proceder consideró que ya había atajado el problema, por eso se dirigió a la sala del trono para despachar otros asuntos que consideraba más importantes. Sin embargo, la realidad de su país se hallaba representada en el mismo lugar donde se encontraban los rebeldes.

Jeroboán había conseguido reunir a mucha gente, sobre todo a los obreros y labradores que marchaban a su trabajo. Pero al escucharle unas verdades que todos compartían, se quedaron a su lado a la espera de los acontecimientos. En esencia, el mensaje del sacerdote había sido éste:

—El Templo de Jerusalén se halla amenazado por la misma mano que lo edificó. Ha llegado el momento de que nosotros, el pueblo, abramos los ojos de Salomón, pues se ha vuelto ciego de orgullo: nos abruma con impuestos, mientras de todas las partes del mundo llega el oro y las piedras preciosas que él guarda en su palacio. Pero esto no es lo peor, pues ha convertido Jerusalén en una ciudad idólatra... ¿Qué ha sido de la virtud y la sabiduría del rey al que todos amamos? Comenzó arrojando a su pueblo de Mello, donde teníamos una plaza pública, con el propósito de levantar allí un palacio para la hija del Faraón. No le importó despreciar nuestras sagradas tradiciones. Como no protestamos entonces, siguió permitiendo la idolatría hasta llegar a la vergüenza de ayer. ¡Mostrémonos fuertes ante el rey indigno, porque Yahvé exige que sea el pueblo quien levante sus brazos contra el que lo humilla!

Las voces se hicieron tan exacerbadas, al mismo tiempo que los puños se alzaban en señal de venganza, que el hijo del rey David, el hombre más sabio del mundo, ordenó que su guardia personal cargase contra los alborotadores...

La soflama encendió viejos agravios, que fueron a unirse con las humillaciones recientes, hasta dar forma a una pequeña lava de volcán. Sin embargo, no tardaron en comprobar los rebeldes que se hallaban rodeados por la guardia real. Todos sus componentes iban fuertemente armados, mientras ellos sólo disponían de algún que otro callado o palo, además de sus puños.

Consiguieron hablar con Salomón

El ministro Azarías ordenó a los rebeldes que marcharan a sus ocupaciones. Pero se fue a encontrar con una fuerte resistencia. Esto le llevó a ordenar a los guerreros que atacasen. Entonces se escuchó una voz desconocida:

—¿Es que vais a castigar con las armas a unos inocentes desarmados?

Así se detuvo la injusticia. Poco más tarde, recuperado el civilizado recurso del diálogo, se aceptó que los rebeldes llegasen ante palacio para hablar con el mismo Salomón. Una decisión bastante aventurada, que acaso éste se negara a apoyar. Dos mensajeros se adelantaron para prevenirle de lo que sucedía.

De esta manera el monarca sabio se encontraba en el pórtico de la "Casa de Líbano" cuando llegaron Jeroboán y las trescientas personas que le acompañaban. Se mostraba casi encolerizado al formular su primera pregunta:

—¿Cómo os atrevéis a venir en son de guerra ante vuestro rey?

—¡Queremos que nos juzgue Yahvé por pretender que sean destruidos todos los ídolos que infectan nuestra ciudad! —exclamó el sacerdote, a la vez que todos sus seguidores movían las cabezas en señal de aprobación.

—Has olvidado que yo fui quien te concedió el cargo que ocupas porque te consideré prudente. ¡Cuanta ingratitud la tuya! Has levantado calumnias contra tu rey y sembrado de odio los corazones de mis súbditos. ¿Qué puedes exponer en tu defensa?

—¡No me mueve la calumnia! ¡Porque los templos paganos se encuentran en nuestra ciudad, y tú mismo has prestado culto en uno de ellos! ¿Dónde está mi delito, Salomón? ¡Mejor será que preguntes a tu pueblo!

—¡Derriba los ídolos y creeremos en tu justicia! —gritó la multitud.

Las voces se hicieron tan exacerbadas, al mismo tiempo que los puños se alzaban en señal de venganza, que el hijo del rey David, el hombre más sabio del mundo, ordenó que su guardia personal cargase contra los alborotadores. Y dando idea de que la suerte de los mismos no le importaba, se dio la vuelta y entró en Palacio.

No ha quedado escrito si se produjeron algunas muertes. Lo que se conoce es que Jeroboán consiguió escapar de allí, sin que nadie pudiera apresarlo. Seguro que los rebeldes le protegieron en un primer momento y, después, le ayudaron a huir de la ciudad. Este suceso hemos de interpretarlo como la primera derrota de Salomón, a pesar de que consiguiera silenciar la voz de sus enemigos.

Alguien se había atrevido a enfrentarse a él, para reprocharle su gran pecado. Una iniciativa que poco tardaría en ser repetida, al salir de las casas con la intención de reventar en las calles y hasta en el interior de Palacio. Claro que antes mostraría sus quejas un Ser más importante que todos los hombres...

XII. EL DESGARRADOR ARREPENTIMIENTO DE UN REY

El fuego de Yahvé

Aquella misma noche Salomón reconoció su pecado. La luz de su inteligencia rompió las tinieblas de ese orgullo que había llenado su cerebro. De pronto, cayó en la cuenta de que en el libro de su existencia las últimas páginas eran vergonzosas. Se notó herido por el dolor y la zozobra.

Muy despacio cayó en una horrible pesadilla, que adquirió la intensidad de un trueno. De pronto, contempló despavorido la formación de un columna de fuego celestial, que terminó por rodearle. En el centro de las llamas más violentas, pudo descubrir a Yahvé. Su rostro ya no aparecía magnánimo y satisfecho, al ser la viva representación de la justicia y la cólera. No tardó en hablarle con una voz implacable:

¡Salomón, hijo de David! Dado que te has atrevido a adorar a los ídolos, sin respetar nuestro trato y los preceptos que te impuse, desmembraré tu reino. Lo romperé para dárselo a un vasallo tuyo.

Pero esto no lo haré estando tu vivo, por amor a David. Lo destruiré en el momento que esté reinando tu hijo.

Tampoco le arrebataré todas las tribus, ya que podrá conservar una sola. Será una forma de no olvidar el amor de David tu padre y de Israel, el pueblo al que escogí entre todos los demás.

Yahvé desapareció nada más terminar de hablar; sin embargo, los efectos de su presencia, mucho más el anuncio del castigo, jamás se borrarían de la mente de Salomón y de todo su pueblo, desde aquel momento hasta hoy día. Porque supuso el anuncio de que el Imperio de Israel se hallaba en las fronteras de su final... Pero, ¿cómo reaccionó Salomón?

Hablar de que se sintió destruido sería quedarnos cortos. Un amago de ahogo le obligó a agarrarse la garganta, para desencadenar el llanto. Sus lágrimas fueron acompañadas por unos rugidos más fuertes y terribles que los de un león enloquecido. Era un rey pecador, el abandonado de Yahvé... ¿De qué le había servido tanta sabiduría?

Ante sus ojos anegados de llanto pasaron todos sus pecados, una macabra procesión que se alargó desde las profundas horas de la noche hasta el amanecer. Cada uno de estos momentos no dejó de causarle un estremecimiento, un estallido de horror al darse cuenta de que si hubiera sabido doblegar su soberbia nada de aquello hubiese ocurrido... ¡Pero ya no había remedio: estaba obligado a sufrir la más despiadada penitencia!

El clamor de un sabio aniquilado

Una penitencia que dio comienzo en el momento que pidió a sus servidores que cubriesen de barro y de ceniza sus aposentos y la sala del trono, donde había cumplido el papel de juez. Cuando sus ordenes fueron obedecidas, exigió que todo el pueblo de Israel conociera el arrepentimiento de su rey.

Y delante de sus ministros y los principales sacerdotes no vaciló a la hora de revolcarse sobre el barro y la ceniza. Al mismo tiempo comenzó a pronunciar algunos de los Salmos de su padre David, en forma del clamor de un sabio aniquilado:

¡Oh Yahvé, no me reprendas con tu cólera, ni me castigues con tu ira! Ten piedad de mí Dios mío, porque estoy enfermo: sáname estos huesos conmovidos.

¡Tus saetas se me han clavado, y siento con dureza el peso de tu mano! ¡Ya ha perdido mi carne su salud debido a tu ira: se quedó sin paz mi cuerpo por culpa de mis pecados!

Mi corazón se halla conturbado, ha escapado mi fuerza; y ni siquiera el resplandor de mis ojos volverá a acompañarme en el futuro.

Pero lo merezco por ser sordo y mudo ante lo que sucedía, y no ver la realidad de mis actos vergonzosos.

Todos conocerán mi iniquidad; y andaré siempre dolido por la culpa. No me desampares, Yahvé mi Dios. Nunca te alejes de mí.

Quería encontrarse a solas con su dolor y su humillación. Si había sido el hombre más rico del mundo, se hallaba dispuesto a convertirse en el más afligido...

Todas estas voces consiguieron movilizar al Palacio entero. Las esposas y las concubinas quisieron saber lo que estaba sucediendo, y escaparon del harén. Salomón las repudió a todas, lo mismo que hizo con sus hijos. Quería encontrarse a solas con su dolor y su humillación. Si había sido el hombre más rico del mundo, se hallaba dispuesto a convenirse en el más afligido.

La profecía que escuchó Jeroboán

El sacerdote Jeroboán ya era un fugitivo. Se encontraba muy lejos de Jerusalén, luego no podía saber que su rebeldía había sido uno de los desencadenantes del arrepentimiento de Salomón. Suponía que los soldados le estaban persiguiendo, de ahí que eludiese las aldeas y las cabañas habitadas.

Hacia el mediodía se detuvo al borde de un sendero. Aprovechó el momento para dar cuenta de las últimas provisiones y, más tarde, fue a beber un poco de agua en un riachuelo próximo poco después, mientras se encontraba agachado, limpiándose los labios con el dorso de la mano, vio reflejada en la líquida superficie la figura de un extraño.

Al momento se puso de pie, dispuesto a huir de allí; pero el recién aparecido le sujetó por un brazo y le dijo:

—Vengo en tu busca, Jeroboán.

Entonces el sacerdote se dio cuenta de que quien le hablaba era un profeta, por eso le preguntó:

—¿Qué has de contarme?

Aquel hombre dejó caer al suelo su báculo, se quitó el manto que llevaba y lo partió en dos mitades con gran facilidad a pesar de ser nuevo el tejido. Pero no se detuvo en esta acción, ya que continuó dividiendo sin parar la tela con el mismo procedimiento, hasta que la convirtió en doce trozos casi similares. Los esparció en tierra, delante del sorprendido sacerdote, y ya se cuidó de contar la profecía de la que era portador:

—Puedes quedarte con diez de estos pedazos, porque así lo desea Yahvé el Dios de Israel: "He aquí que yo dividiré el reino de Salomón y te entregaré diez tribus. Y a él solo le quedará una

tribu, por amor de mi siervo David y de la ciudad de Jerusalén, que he escogido entre todas las tribus de Israel.

"Porque me ha abandonado para adorar a Astarté, diosa de los sidonios, y a Kamos, dios de Moab, y a Molok, dios de los hijos de Ammón; y no ha andado en mis caminos, para cumplir lo justo delante de Mí y mis preceptos y leyes, como David su padre.

"No quitaré del todo el reino de su mano, sino que lo dejaré por gobernador el tiempo de su vida, ya que amo a David mi siervo, que escogí el cual guardó mis mandamientos y mis preceptos.

"Pero quitaré el reino de manos de su hijo, y te daré a ti diez tribus. Y a su hijo le entregaré una sola tribu, para que quede siempre una lámpara de David mi siervo en la ciudad de Jerusalén, que he escogido para que estuviese allí mi Nombre. Y a ti te elegiré, y reinarás sobre todo lo que desea tu alma, y serás rey sobre Israel.

"Si oyeres todas las cosas que te mandaré y anduvieses en mis caminos, e hicieras lo que es recto delante de Mí guardando mis mandamientos y mis preceptos, como lo hizo David mi siervo, seré contigo, y te edificaré casa estable, como edifiqué casa a David, y te entregaré a Israel."

Jeroboán se había arrodillado mientras escuchaba esta revelación. Y con la cabeza apoyada en el suelo, en señal de que asumía su responsabilidad con la humildad obligada, pudo decir en el momento que superó el lógico asombro:

—Grande es tu justicia, Yahvé, y poderosa tu misericordia. Yo guardaré las palabras que por boca de tu profeta has hecho llegar a mi corazón. Pues me has elegido para reinar sobre las diez tribus, y no desmembrarás el imperio de David hasta que falte Salomón, yo cumpliré los días de mi destierro, andando en tus caminos conforme a tu voluntad y bendiciendo mis labios tu misericordia.

En seguida se levantó radiante de satisfacción. El enviado de Yahvé le aconsejó:

—No pierdas la alegría y muévete sin miedo. Las armas de Salomón jamás te alcanzarán, debido a que tú eres el jefe de la tribu de Efraím que con palabras justas se escandalizó de las acciones de Salomón. Debes saber que éste también ha escuchado la voz de Yahvé nuestro Dios y se encuentra sometido a una severa penitencia en medio del barro y la ceniza, como hombre que reconoce la gravedad de sus pecados. Ahora sólo te queda a ti, Jeroboán, buscar un buen refugio y esperar a que llegue tu tiempo.

Demasiados enemigos

Muchos eran los enemigos que tenía Salomón, pero la mayoría de ellos habían permanecido en la retaguardia esperando la ocasión de intervenir. Uno de los más peligrosos se llamaba Hadad "el Idumeo", y pertenecía a la familia real de Edom. Cuando David derrotó a su padre, fue el general Joab quien recibió la orden de dar muerte a todos los hijos varones de aquella región. Seis meses se prolongó esta operación de exterminio, que se dio fin ante el convencimiento de haber completado la cruel misión.

No obstante, el niño Hadad consiguió escapar de la matanza camuflado en una caravana, cuyos componentes en su mayoría habían sido funcionarios de su padre. Así llegó a Egipto, donde creció llevando en sus entrañas la venganza.

Como los funcionarios edumeos eran gente culta y bien preparada en distintas profesiones, fueron bien acogidos por el Faraón. Recibieron unas tierras, semillas para iniciar los cultivos, arados y bueyes, también un dinero para sobrevivir hasta la primera recolección. De esta manera pudieron formar una gran comunidad. Uno de sus componentes más destacados fue Hamad.

Finalmente, se ganó el favor del Faraón; y como éste no quería separarle de su lado le casó con su cuñada, que era la hermana de la reina Tafnes. Del matrimonio nació Guenubat, el cual recibió la misma educación que los hijos del Faraón.

En el momento que Hadad supo que el rey David había muerto y que el general Joab acababa de ser ajusticiado por orden de Salomón, quiso cobrarse venganza. Cosa que el Faraón le impidió, por algo era el suegro del rey de Israel.

Al cabo de los años el astuto Hadad consiguió abandonar Egipto, sin dejar conocer sus intenciones y llegó a Edom. Pronto supo organizar las cosas, sirviéndose de la violencia y la traición, para ocupar el trono que consideraba suyo. No obstante, contuvo su deseo de enfrentarse a Israel al conocer el poder tan inmenso de Salomón. Un freno que rompió en el momento que se enteró de que su enemigo se hallaba muy debilitado por el arrepentimiento.

Otro de los que habían odiado al rey David era Rezón, hijo de Elyada, que también escapó de la muerte junto a su amo Adahézer, el rey de Sobá. Cuando llegó a la pubertad ya era jefe de guerrillas. Al mismo tiempo que el ex matador de Goliat asolaba las tierras de Siria, él conseguía apoderarse de Damasco, donde terminaría siendo nombrado rey. Después, aguardó pacientemente la oportunidad de satisfacer todo su odio. Y creyó que había llegado su hora al tener noticias de lo debilitado que se hallaba el imperio de Salomón.

—Puedes quedarte con diez de estos pedazos, porque así lo desea Yahvé el Dios de Israel.

La hiel de la derrota

Rezón comenzó a hostigar a los israelitas cortando la ruta de las caravanas que pasaban por Damasco procedentes del Mar Rojo. Con esto interrumpió el productivo comercio que Salomón había venido manteniendo con Siria. Y cuando éste mandó a su ejército para resolver el conflicto, ya era demasiado viejo para comprender que se estaba enfrentando a un peligro muy superior a todos los conocidos. Por este motivo sus soldados fueron vencidos.

La mañana que llegó a Jerusalén la noticia de la derrota, la primera con las armas desde hacía más de cuarenta años, un sabor a hiel dañó las gargantas de todo el pueblo. Al momento se ofrecieron miles de holocaustos a Yahvé, queriendo aplacar su justa cólera.

Al mismo tiempo, Salomón no dejaba de repetir los Salmos que dejara escritos su padre David:

¿Por qué, mi Dios, desatiendes mi oración y alejas de mí tu rostro? ¿Acaso son conocidas tus maravillas en las tinieblas; y tu justicia en la tierra del olvido?

Con esta oración quien había sido el rey más sabio del mundo estaba lamentando la pérdida de su fuerza... ¿Dónde se hallaba la inteligencia y el poder que le habían permitido monopolizar las más fabulosas exportaciones que a través del Mar Rojo llegaban de Egipto?

También dejó de recibir el oro y la plata de Tiro, porque su suegro Jirón no le perdonaba que hubiese mandado destruir los templos paganos de Jerusalén. En efecto, algo parecido estaba ocurriendo, pues una de las expiaciones del Gran Pecador había sido prohibir la idolatría en la ciudad de Jerusalén y en las habitaciones de su palacio. Sus esposas extranjeras lo aceptaron a regañadientes, sin ejercer ningún tipo de presión por miedo a las represalias de un viejo arrepentido de toda su existencia anterior.

Puede asegurarse que cuando Salomón acudió a recibir al ejército derrotado se estaba sometiendo a otro acto de penitencia. En esta ocasión olvidó sus ropas cargadas de pedrería, su carro de guerra engalanado y toda la pompa de su corte. Prefirió ir descalzo, con los cabellos manchados de ceniza y sin otro acompañante que su desolación.

¡Y el pueblo de Jerusalén lloró con él, asumiendo que si en los tiempos de gloria habían considerado suyos los triunfos de su rey, había llegado el momento de compartir la congoja propia de la derrota!

Admitió plenamente la derrota

Azarías y Adonirán no pudieron impedir que Salomón corriera en busca de los soldados vencidos. Se metió entre los canos sin dejar de gritar:

—¡Venid a mí, que hemos de llorar la justicia de Yahvé el único Dios de Israel!

Ninguno de los soldados dejó de reconocer la voz de su rey. El general de la expedición saltó a tierra y corrió a arrodillarse delante de su soberano. Pero éste se lo impidió, ya que prefirió abrazarle a la vez que le decía:

—¡Nunca te humilles ante un Gran Pecador, porque todos hemos de hacerlo ante Yahvé el justo! ¡Yo lloraré por todos esta derrota, pues es sólo mía!

En seguida quiso tocar a los militares que le rodeaban, como lo hace un padre al descubrir que la abundante cosecha que se iba a recolectar acababa de ser devastada por el ataque de la langosta. Y hasta los hombres más curtidos no pudieron contener las lágrimas.

—¡Día de angustia y luto es éste que ensombrece al pueblo de Israel! —exclamó el monarca sabio—. ¡La severa mano de Yahvé no se conforma con herirnos en la mejilla y en conturbar nuestros corazones!

De verdad que los soldados amaron a Salomón más que nunca, porque comprendieron que los estaba hablando con el alma desgarrada. Algunos hicieron un amago de aplaudirle y vitorearle, al sentirse tan emocionados; sin embargo, los más prudentes supieron contenerlos a tiempo.

En realidad el aspecto de los vencidos no podía ser más desolador: cubiertos de polvo, extenuados y con las vestimentas convertidas en jirones. La mayoría del armamento había sido destrozado. Aunque lo más terrible venía detrás: el convoy de los heridos, que iban en parihuelas llevadas por los hombres con la ayuda de los caballos y los camellos.

A todos ellos Salomón los dedicó unas palabras de cariño y consuelo. Los soldados quisieron subirle en uno de los canos de guerra, pues habían comprobado que le sangraban los pies al ir descalzo. Pero él lo rechazó diciendo:

—¿Cómo puedo atreverme a ocupar un vehículo tan noble cuando me considero el verdadero responsable de vuestra derrota? Será mejor que lo hagáis vosotros, que sois como las flechas del rey de Israel. Mía fue la mano que las dirigió. Dado que me mostré tan torpe, ¡lo justo es que sufra la humillación de volver a la ciudad andando!

Así lo hizo. El ejército le siguió a una marcha lenta, aclamándole y bendiciéndole. Una reacción que sirvió para aliviar, en una mínima parte, el inmenso dolor de quien ya siempre se sentiría un Gran Pecador.

XIII. LA CONTINUA LECCIÓN DE HUMILDAD

La compañía de la esposa egipcia

Salomón entró en sus aposentos dispuesto a lavarse solo. Pidió a sus servidoras que no le acompañasen, pero dejó la puerta abierta. Cuando se estaba aseando apareció allí la princesa Neftis, su primera esposa. Contaba más de cincuenta años, su pelo estaba encanecido por completo, aunque ni una sola arruga hería su rostro. De su antigua hermosura conservaba la calidad de la piel, la limpia mirada y la firmeza de los senos. Seis veces había sido madre, lo que no había dejado huellas en su vientre y en sus caderas. Sin embargo, no se encontraba allí en busca de la sensualidad, pues se sentía contenta con todo lo gozado junto a aquel rey que para ella siempre sería un hombre excepcional.

Se acercó a él con los ademanes de quien se considera imprescindible. Y su misma seguridad sirvió para que Salomón la dejase hacer. Ella le curó las heridas de las plantas de los pies con unos bálsamos relajantes y, después, se los vendó con la maestría propia de las princesas egipcias entrenadas por sacerdotes que conocían los secretos de la medicina.

—Tú me hiciste amar a Yahvé, esposo mío —musitó sin dejar las tareas de enfermera—. Pero nunca creí que fuese tan severo con un rey que le ha proporcionado tanta gloria.

—No se lo reproches a nuestro Dios sino a mí mismo: Yahvé me colocó en la cima del mundo, donde el resplandor del sol me cegó al llenarme de soberbia. Justo es que ahora Yahvé me hunda en las simas más profundas de la desolación.

—En ellas deseo sumirme junto a ti —afirmó Neftis—. Quisiera convertirme en tu sierva cuando han llegado las horas del dolor, porque me ofreciste la mirra suave y aromática en las horas de felicidad. Soy tu esposa en lo bueno y en lo malo, pues sin ti me sentiría tan mutilada que moriría de tristeza.

La más sublime muestra de humildad

Cuando Salomón ya se encontraba curado y vestido, ante una mesa frugalmente servida, llevó sus ojos a las ventanas abiertas, donde el atardecer pintaba de rojos y violetas las copas de los árboles, y pronunció una de las más sublimes muestra de humildad que se ha escuchado en el mundo:

—*¡Vanidad de vanidades y todo es vanidad! Una generación pasa y otra viene; pero la tierra permanece estable. Nace el sol, se pone y vuelve a su lugar ¿Qué es lo que se fue? Lo mismo que existió. ¿Qué fue hecho? Lo mismo que se debía hacer. Nada hay nuevo debajo del sol, ni puede decir alguno: he aquí una cosa nueva, porque ya sucedió en los siglos que fueron antes que nosotros. No ha quedado memoria de las primeras cosas; ni habrá tampoco recuerdo de lo que sucederá más tarde. Yo, el rey de Israel, que hoy habla, me propuse en mi corazón inquirir e investigar sabiamente sobre todas las cosas que se hacen debajo del sol. Y he visto que todo es vanidad y aflicción de espíritu. Apliqué mi corazón a aprender la prudencia, y la doctrina y los errores de la necedad, y conocí que aún en esto había trabajo y aflicción de espíritu. Dije yo en mi corazón: Iré y tendré abundancia de delicias, y gozaré de los bienes. Y vi que esto también era vanidad. Yo he levantado suntuosos palacios; he hecho huertos y vergeles con todas las especies de árboles; he reunido siervos y siervas en crecido número; he amontonado oro y plata y los tributos de los reyes de las tribus de mi imperio; yo superé en riquezas a todos los que fueron antes de mí en Jerusalén; no negué a mis ojos todas las cosas que desearon; ni privé a mi corazón que gozase de todo placer y se deleitara en las cosas que yo había aparejado; y juzgué que ésta era mi parte, el gozar yo de mi trabajo. Pero habiéndome vuelto a todas las obras que hicieron mis manos y a los trabajos en que vertí mi sudor, vi en todo vanidad y aflicción de espíritu y que ninguna cosa es perma-*

nente debajo del sol. Mejor es disfrutar de la humilde comida y recibir el don de Yahvé, que afanarse en atesorar riquezas, créeme. También te digo que mejor es que estén dos juntos que uno solo. Si uno cayese el otro le sostendría. ¡Ay del solo que cuando cayere no tenga a quien le levante! Acompáñame, se mi sostén, que sólo me ha dejado la justicia de Yahvé, por eso me siento maltrecho y vencido. Esto es cuanto puedo decirte en el ocaso de mi jornada. (Todos los pensamientos han sido recogidos del "Eclesiastés", que Salomón escribió en los tiempos de su arrepentimiento.)

Neftis quedó gratamente asombrada, pues las palabras que acababa de escuchar habían dejado claro que su marido, el sabio monarca que maravilló al mundo con su boca de oro, continuaba poseyendo las mismas facultades. ¿Acaso es que Yahvé estaba a punto de perdonarle?

Pero habiéndome vuelto a todas las obras que hicieron mis manos y a los trabajos en que vertí mi sudor, vi en todo vanidad y aflicción de espíritu.

La necesidad de continuar escribiendo

Salomón era consciente de que estaba muy cercano el día de su muerte. Como otra forma de penitencia se entregó a escribir sus últimas obras. Entre éstas redactaría el Eclesiastés (El Predicador), en cuyas páginas mostró los errores de los sentidos y la verdad del juicio de Yahvé. Resaltó los riesgos que presenta nuestra existencia humana y lo que ha de eludir todo aquel que anhele obtener la felicidad en la otra vida.

En los momentos de tranquilidad le gustaba la compañía de Neftis, a la que recitaba pasajes del "Cantar de los Cantares". Sólo para mostrar que la sensualidad era una fruta perdida, cuando antaño pudo gozarla porque los más geniales hortelanos habían cultivado para él jardines de ensueño, en los que recogió sin saciarse placeres jamás conocidos por los reyes que le habían precedido y los que vendrían después.

Lo singular, que no le asustaba la muerte. Estaba convencido de que el infierno lo venía sufriendo desde el primer día que las gentes de Jerusalén le acusaron de idólatra. Estaba pagando la pena; y esperaba que Yahvé no fuera demasiado severo en el momento que se volvieran a encontrar.

La primera recaída

Una tarde Salomón se encontraba en sus aposentos hablando con Neftis, el sacerdote Azarías y el ministro Adonirán. En un momento dado, se levantó de su asiento, dio unos pasos con evidente inseguridad y, de pronto, su cuerpo se venció hacia delante y alargó su brazo derecho para encontrar un apoyo. El ministro fue el primero que acudió a socorrerle.

—Mi muerte está muy cercana —susurró el rey con resignación.

Neftis dejó los almohadones en los que se encontraba semiechada. Su rostro estaba demudado por el miedo. Todas las miradas se centraron en el soberano. Le vieron pálido, con la frente cubierta de sudor y los labios entreabiertos dando idea de que le costaba respirar.

Varias manos pretendieron brindarle ayuda para tenderle en el lecho más cercano. Sin embargo, Salomón los detuvo con sus gestos, al mismo tiempo que decía con una voz apagada:

—¡Apiádate de mí, Yahvé mi Dios, porque estoy enfermo y mis huesos se sienten conmovidos!

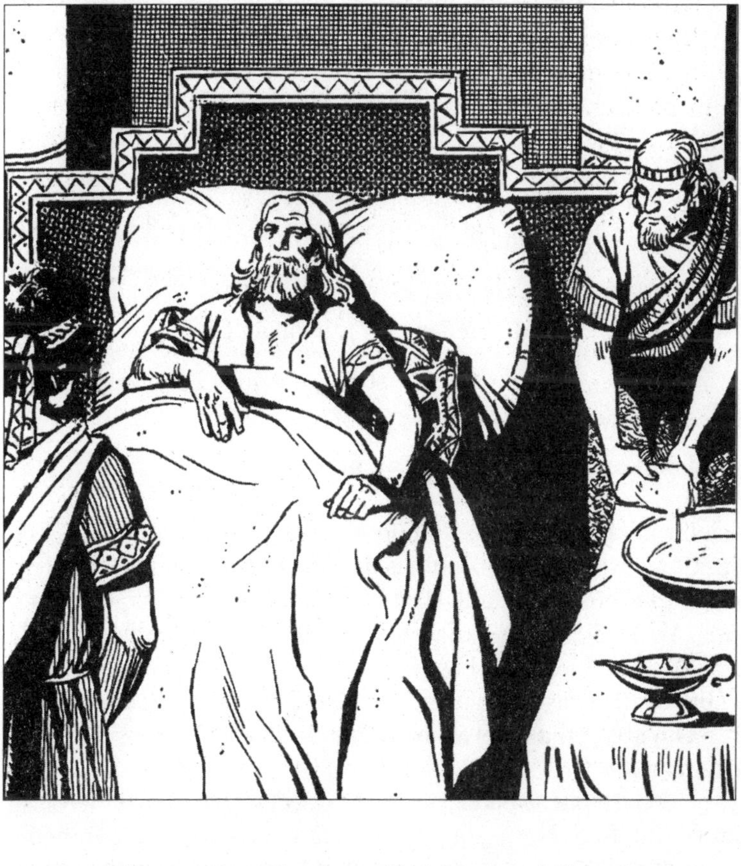

—Muy penosa es la ascensión al monte de los placeres, y horrorosas las simas de las tinieblas. Ya no soy más que un fruto seco cercano a caer de la rama que lo sostiene...

Al final de este rezo, las piernas se le aflojaron y estuvo a punto de caer en el suelo. Lo impidieron los brazos de Azarías y Adonirán. Entre los dos le llevaron a la cama, en la que le tendieron cuando parecía exánime.

Neftis y algunas de sus doncellas creyeron que el rey había muerto, por lo que se unieron en unos lamentos desgarradores. La esposa hizo intención de ir a abrazar a su marido; no obstante, las palabras del sacerdote la detuvieron:

—El rey sigue con vida. Ahora sólo necesita el cuidado de los médicos.

En seguida acudieron los tres más importantes de palacio, sin que necesitaran deliberar mucho tiempo para saber que sólo podrían conseguir aliviar los dolores de Salomón. Su muerte ya era inevitable.

Le dejaron en un tranquilo estado de postración. Esto permitió que se le trasladara al dormitorio, donde se le cubrió con unas mantas egipcias. La fiebre que le consumía no parecía muy alta, a pesar de lo cual el sudor cubría su frente. Pronto llegaron allí Neftis y Roboán, el heredero. Continuaban presentes Azarías y Adonirán.

Casi 800 mujeres quisieron atenderle

La noticia de que Salomón se moría conmocionó el harén real. Las esposas y concubinas que lo ocupaban quisieron atender a su esposo y amante. Todas le necesitaban más que le querían. La tradición israelita obligaba al heredero de la corona a seguir manteniendo el harén de su padre; no obstante, nunca se había dado el caso de que en éste se encontraran 800 mujeres. El rey David llegó a tener unas treinta, lo que ya se consideró una exageración.

Como se puede entender, muy pocas de ellas consiguieron su propósito. Sólo Neftis, la princesa ammonita, madre de Roboán, y otras dos esposas pudieron acceder al dormitorio del moribundo, pero de forma alternativa. En realidad Salomón no pudo verlas.

En el momento que recuperó la lucidez, se hizo entrar a Roboán. Contaba diecisiete años, poseía muchos de los atractivos físicos de su padre y cierta delicadeza en los gestos de su madre. Se hallaba escrito que iba a ser el heredero, lo que a Azarías y Adonirán preocupaba al considerarle demasiado joven e inexperto.

La última noche

Con la llegada de la noche subió la fiebre que consumía a Salomón. En ciertos instantes se le escuchó delirar. Dos de sus esposas, su hijo y sus amigos más íntimos le velaron, siempre pendientes de sus movimientos. Le dieron agua cuando la pidió, le limpiaron constantemente el sudor y le suministraron las medicinas. Conteniendo sus lágrimas y sus lamentos.

A eso de las dos de la madrugada se fue permitiendo la entrada de las esposas y las concubinas en grupos de diez. Sólo para dedicarle una mirada de unos minutos. Todas cumplieron escrupulosamente la norma, sin dar muestras de histerismo, a pesar de sentirse totalmente abatidas por la pérdida irremediable.

Puede asegurarse que Salomón no pudo verlas, ya que permaneció dormido hasta el amanecer. Un sueño agitado el suyo, con permanentes convulsiones, delirios y fuertes altibajos de la fiebre y la sed.

En el momento que clareaba el día, se le vio abrir los ojos. Pareció volver a la vida, aunque todos comprendieron que sólo era ese chispazo de vitalidad, lo que los griegos llamarían más tarde "el canto del moribundo". Miró a su alrededor como si quisiera reconocer a quienes le rodeaban y se le escuchó repetir este Salmo de su padre:

—¡Qué dulce es la luz, y cosa feliz a los ojos es contemplar el sol!

Debió cerrar los párpados al pretender mirar directamente los rayos solares. Poco después, giró la cabeza a su izquierda y descubrió a su esposa egipcia. Con gran amor musitó:

—Tú has sido el principal soporte de mi vida. Por amor renunciaste a tus dioses y adoraste a Yahvé. ¡A pesar de lo mucho que te he abandonado!

—Pero siempre volviste a buscar mi regazo, divino esposo. Ahora bésame con tu boca encendida, porque tu aliento será mirra deliciosa para mi corazón.

Los labios de los dos se unieron en un contacto tembloroso. Después el mismo tipo de despedida, aunque con distinta intensidad, quisieron repetirla las otras mujeres y Roboán. Y la fueron recibiendo.

Los consejos al heredero

Salomón tomó con sus dos manos la cabeza de su hijo. Reteniéndole de esta manera, le dio el siguiente consejo:

—*Muy penosa es la ascensión al monte de los placeres, y horrorosas las simas de las tinieblas. Ya no soy más que un fruto seco cercano a caer de la rama que lo sostiene. Escucha mi voz por última vez. Alégrate, mancebo, en tu mocedad y recorre los caminos marcados por tu corazón y por las miradas de tus ojos; pero nunca olvides que por todas las cosas que hagas te someterá Yahvé nuestro Dios a juicio. Aparta la ira de tu corazón, y aleja la malicia de tu carne. Porque la juventud y el placer son cosas vanas. Acuérdate de tu Creador en los días de tu juventud, antes de que llegue el tiempo de la aflicción. Sin esperar a que se oscurezca el sol, la luz, la luna y las estrellas y lleguen las nubes después de la lluvia. Cuando se estremezcan las puertas de la casa, y vacilen los hombres más fuertes, y estén ociosos los operarios que muelen pequeñas cantidades de trigo, y cierren los ojos quienes miran por las ventanas. No se abrirán los dinteles en la plaza, se hará baja la voz de quien se dedica a las tareas más ingratas, se levantará el canto del ave y quedarán mudas todas las hijas de la música. Temerán también los lugares altos, y llegarán a causar susto los caminos; florecerá el almendro, se incrementará la amenaza de la langosta y desaparecerá la alcaparra;*

porque irá el hombre a la casa de la eternidad, y le rodearán en la plaza plañideras. Antes de que se rompa la cuerda de plata, y se corra tras la venda de oro, y se quiebre el cántaro sobre la fuente, y se haga pedazos la rueda sobre la cisterna, y se torne el polvo a la tierra y el espíritu vuelva a Yahvé que lo dio... (Estos pensamientos han sido tomados del "Eclesiastés".)

Pronunciadas estas frases, que habían adquirido el tono del discurso de un soñador más que de un moribundo, Salomón dio un suspiró y dejó caer los brazos sobre el lecho.

La muerte de Salomón

El Rey Sabio cerró los ojos, movió los labios y su garganta emitió algunos sonidos guturales. Unos ligeros estremecimientos recorrieron todo su cuerpo. En seguida se inclinaron su esposa, su hijo y sus amigos en busca de una respuesta.

Le llamaron, le tocaron y le movieron. Todos los esfuerzos resultaron inútiles. Salomón ya estaba muerto.

Los lamentos y las lágrimas dejaron de ser contenidos. Nadie puso freno a su tristeza, a la sensación de soledad que dejaba la pérdida de un gran hombre que había sido el sol para tantas vidas. En seguida el Palacio entero se vio inundado de alaridos de dolor, que tardaron muy poco en extenderse por toda la ciudad de Israel.

Las mujeres se cubrieron de barro y ceniza y los hombres se dieron cuenta de que se habían quedado sin su Campeón, sin el Emperador, sin el Iniciado que les había permitido creer en su pueblo, en su raza y en su destino.

Eran tiempos de olvidar lo malo, para evocar la grandeza y el esplendor. Todo lo que le debían al hombre que acababan de perder, sin querer pensar en el inmediato futuro. Quizá mañana, o pasado, ya ocuparían sus mentes en esa cuestión importante. Lo que convenía era el presente: dedicar el mejor entierro a su rey.

Superadas las primeras muestras de dolor en Palacio, los que se encontraban junto al cadáver comprendieron que debían entregarse a prepararlo. Neftis se encargó de ungirle con aceites aromáticos, aplicarle unos ungüentos y rociarle con ligeras esencias. También le rizó la barba y el cabello.

Azarías, Adonirán y Roboán se cuidaron de envolverle en un blanco sudario. Por último le dejaron en el lecho sin adornos ni joyas. Los siervos trajeron unos braseros de plata, en los que se echaron mirra para perfumar el ambiente.

Al mismo tiempo, en la antecámara se encontraban las esposas y concubinas israelitas entonando himnos plañideros al son triste de las arpas y las cítaras. Los sacerdotes esperaban el momento de los rezos.

Las más dramáticas escenas quizá se estuvieran produciendo en el harén, donde las mujeres extranjeras se sometían a unas muestras violentas de dolor: revolcándose entre ceniza y causándose heridas en los brazos con objetos cortantes, para que la sangre brotada diese idea de que preferían la muerte antes que seguir viviendo sin su marido o amante.

El entierro del Rey Sabio

El entierro de Salomón fue digno de su fama, a pesar de que no pudiera ser considerado ostentoso. Pero todo el pueblo de Jerusalén quiso hallarse presente. Su cuerpo fue transportado sobre un palanquín a modo de parihuela. Lo llevaron sus ministros, los cortesanos más fieles, los representantes de la guardia real y algunos miembros de las familias de la ciudad. Al ser tantos se fueron relevando cada quinientos pasos.

El séquito lo formaron las esposas, los soldados y toda la ciudad. Puede asegurarse que allí sólo faltaron los enfermos y los impedidos, así como los niños que no podían andar. Todos atravesaron Jerusalén, recorrieron el valle del Hinnom y se detuvieron ante la montaña cercana a Silván. Ya se encontraban frente al Templo.

Se encendieron hachones porque se iba a entrar en el hipogeo real, que se componía de un corredor y de un vestíbulo abovedado, del que salían otros corredores que llevaban a las cámaras sepulcrales. El cadáver de Salomón fue introducido en una cámara, también abovedada, en cuyas paredes se veían los nichos donde estaban otros sarcófagos.

Allí mismo, en un ataúd de piedra que tenía la forma de una caja con tapadera convexa, quedó depositado el cuerpo del Rey Sabio. Se le estaba proporcionando el último lecho. Cuando acababa de cumplir los sesenta años, había reinado durante más de cuarenta y dormiría para siempre junto a los restos de David y de Betsabé. Era el año 931 a.C.

El entierro de Salomón fue digno de su fama, a pesar de que no pudiera ser considerado ostentoso. Pero todo el pueblo de Jerusalén quiso hallarse presente.

XIV. SE CUMPLIÓ EL CASTIGO DE YAHVÉ

La debilidad de Roboán

A la muerte de Salomón debía cumplirse el castigo que Yahvé impuso por los pecados de idolatría. Así estaba escrito. El pueblo de Israel se hallaba tan preocupado por su destino, que sus máximos representantes se reunieron en Siquem, un lugar que se encontraba en el corazón de la tribu de Efraím. Nadie había pasado por alto que uno de los representantes de ésta había sido el que se enfrentó al Rey Sabio para reprocharle su traición a las leyes del único Dios.

Allí se encontraba Roboán dispuesto a coronarse rey con todo derecho, aunque ya lo fuese por decisión de los ciudadanos de Jerusalén. Pretendía exponer sus quejas, pues no se consideraba responsable de las acciones de su padre.

Cuando lo estaba realizando sin demasiada vehemencia, hizo su aparición Jeroboán, que había venido de Egipto. Llegó a tiempo de proclamar con una voz que los centenares de ocupantes de la plaza pública lograron escuchar con la mayor nitidez:

—¡Tu padre nos obligó a llevar encima un yugo muy severo. Pero si tú decides ahora suavizar la severidad del mismo bajando los impuestos, ten la completa seguridad de que te seguiremos!

El hijo del Rey Sabio se quedó indeciso, porque era otra la pregunta que esperaba escuchar. Además nunca imaginó que Jeroboán pudiese aparecer allí. Sus consejeros le habían preparado el discurso y las respuestas, pero de acuerdo a otra situación muy distinta. Y dando muestras de debilidad tuvo que decir:

—Volved a vuestras casas. Dentro de tres días nos reuniremos aquí mismo.

Dos consejos muy opuestos

Roboán buscó el consejo de los ancianos, muchos de los cuales habían servido a Salomón, aunque pocas veces le ofrecieron sus opiniones al sentirse inferiores al Rey Sabio. No obstante, eran gente muy prudente, culta y conocedora de las tradiciones del país. El representante de todos ellos le dijo:

—Debes ser prudente con tu pueblo. Vivimos tiempos de templanza. Cede hoy y mañana podrás exigir que se te entregue lo que perdiste.

No fueron de la misma opinión el grupo de jóvenes, todos ellos guerreros belicosos, con los que Roboán se había educado. Al pedirles consejo, uno de ellos le respondió:

—Esta gente necesita mano dura. Si se quejan de que tu padre les puso un yugo muy duro, diles que tú lo apretarás más. Eres el rey: ¡si te muestras blando con tus súbditos, terminarán arrebatándote el trono!

Cuando los representantes del pueblo de Israel se encontraron en la plaza pública, pasados los tres días, parecían dispuestos a escuchar. Roboán tardó muy poco en anunciar sus intenciones:

—Mi padre os obligó a pagar unos impuestos que consideráis abusivos, ¡pues yo los elevaré aún más! ¡Si mi padre os azotó con correas, yo lo haré con escorpiones!

Esta amenaza dejó a los presentes silenciosos, porque la rabia les había secado la garganta. De repente, alguien gritó:

—¿Por qué hacemos caso a este monarca de una sola tribu? ¡Nuestro verdadero rey es Jeroboán, como lo anunció el profeta!

En esta ocasión la pausa de silencio resultó más corta. Las voces comenzaron a unirse en un solo grito, hasta que se hicieron un coro multitudinario:

—¡¡Viva Jeroboán, nuestro verdadero rey!!

¡No pelearás contra tu hermano!

Roboán debió escapar de la plaza, ante el riesgo de terminar siendo linchado. Horas más tarde, envió a Adonirán para que pactase otra salida con Jeroboán, con el fin de evitar una guerra entre las tribus de Israel. Sin embargo, no tuvo en cuenta que estaba utilizando como embajador a un ministro de su padre, que se había hecho tristemente famoso por ser un recaudador de impuestos.

Al ver las gentes a Adonirán, cayeron sobre él, sin concederle la oportunidad de hablar, y le mataron a pedradas. En seguida marcharon en busca de Roboán; pero éste ya había escapado de Siquem.

Era tanto su odio, que se encargó de reclutar el mayor número de hombres en Jerusalén y en las tribus de Judá y Benjamín. Llegó a reunir un ejército de ciento ochenta mil guerreros, todos bien equipados con carros, caballos, camellos y el más afilado armamento.

No obstante, en el momento que esta poderosa fuerza se disponía a abandonar la ciudad, el profeta Semeías apareció delante del carro de Roboán. Le hizo un signo para que se detuviera y, luego, le dijo:

—He aquí lo que desea Yahvé nuestro Dios: No subiréis, ni pelearéis contra vuestros hermanos, los hijos de Israel. Regrese cada uno a su casa, porque Yo he decidido que las cosas sucedan así.

Quien se creía el rey de todo el país debió olvidar su odio y sus deseos de venganza. Pronto se enteraría de que Jeroboán había sido reconocido como monarca por diez tribus y, además, contaba con el apoyo de los filisteos, los moabitas y los amonitas. A él sólo le quedó el reino de Judá. Para que se cumpliera el castigo de Yahvé.

¿Qué sucedió con la obra de Salomón?

La princesa egipcia Neftis falleció a los pocos días, al no poder vivir sin su amado Salomón. Las demás mujeres y concubinas volvieron a sus tribus y países, debido a que Roboán no quiso responsabilizarse del harén.

¿Hubo distintas religiones?

Israel había quedado dividida; sin embargo, el Arca de la Alianza se encontraba en Jerusalén, que se hallaba bajo el control del rey Roboán. Como las gentes de las otras tribus debían celebrar sus fiestas religiosas más importantes en el Templo de Salomón, se vieron obligadas a pagar tributos ya que estaban entrando en un "país extranjero". ¡Singular situación!

Para resolver este problema, Jeroboán edificó otros templos en Dan y Betel, en los que sus súbditos pudieron seguir adorando a Yahvé. También estableció una nueva fiesta nacional: en el otoño y dos semanas más tarde que la antigua, que se continuó celebrando en Jerusalén.

Lo más terrible hemos de verlo en que el sacerdote-rey, capaz de enfrentarse a Salomón para denunciarle por idólatra terminó introduciendo en los altares de las ciudades que controlaba la adoración a un becerro de oro. Quizá desquiciado al no poder encontrar algo que diferenciase su poderoso país, el de las diez tribus, con el de Judá, se sirvió de una figura que en algunos casos había servido como soporte de los altares dedicados a Yahvé.

Los sacerdotes de Silo denunciaron esta nueva muestra de idolatría. Y a las pocas semanas se apareció el mismo profeta a Jeroboán para anunciarle su final y el de toda su familia. Realmente la caída de Israel ya era inevitable: las monarquías no permanecerían en el trono más de unas pocas generaciones. Al cabo de dos siglos los asirios conquistaron todo el territorio. Esta tragedia sucedió en el 722 a.C.

Para que se produjera otra de las famosas diásporas de los israelitas, tardarían mucho tiempo en volver a refundar su nación, hasta que cayeron bajo el poder de los romanos. Y desde entonces su destino fue el mundo. Sin embargo, jamás perdieron la esencia de nación, de raza y de sentirse el pueblo elegido por Yahvé.

EL CANTAR DE LOS CANTARES

DEL REY SALOMÓN

LA BODA

MUJER: ¡Oh, si me besaras con los besos de tu boca!... Porque tus amores son superiores al vino.

Gracias al aroma de tus bálsamos (bálsamo brotado de tu nombre); he aquí la razón por la que las doncellas te amaron tanto.

Atráeme detrás de ti; correremos en pos de los aromas. El Rey me llevó a sus aposentos: concediéndome el honor de ser esposa suya. Gozaremos de alegría y nos divertiremos en tu nombre. Evocaremos esos amores tan superiores a los placeres del vino.

Morena es mi piel, ¡oh, hijas de Jerusalén!, pero soy muy agraciada. Me asemejo a las tiendas de Cedad y a los pabellones de Salomón. No prestéis atención a que soy morena, debido a que el sol me contempló: los hijos de mi madre se enfadaron contra mi y me obligaron a montar vigilancia ante las viñas; pero, ¡ay!, la que me pertenecía no supe protegerla.

¡Oh, tú a quien ama mi corazón, permite que conozca el lugar donde tienes tus pastos, donde aplacas tu sed y donde guardas tus rebaños al llegar el mediodía! Porque, ¿cómo voy a comportarme de la misma forma que la oveja que se aleja de la majada y de sus hermanas?

HOMBRE: Si tú lo desconoces, ¡oh bella entre las bellas!, continúa los rastros del rebaño y acude a apacentar tus cabritas en las proximidades de las chozas de los pastores.

¡Oh, amor mío! Con una yegua de los carros del Faraón te he comparado, amiga mía. Dado que son tan hermosas tus mejillas entre los pendientes, y tu cuello bajo los collares de perlas... Zarcillos de oro te forjaremos con clavos de plata para adornar tu hermosura.

MUJER: Al mismo tiempo que el soberano se hallaba recostado en su asiento, mi nardo gracioso esparció su aroma. Manojo de mirra es para mí el amado mío: entre mis senos permanecerá. Racimo de juncia de amor me parece mi amado, por eso lo recogí en las viñas de Engadi.

HOMBRE: ¡Cuán bellísima eres, oh, mi amada, compañera mía; cuán bellísima eres, con tus ojos de paloma!

MUJER: También eres guapo tú, amado mío, lo supremo en la belleza. De flores es nuestra suave cama. Las vigas de nuestras habitaciones son de cedro del Líbano, y las puertas de ciprés.

EL AMOR DE LA ESPOSA

MUJER: Yo soy la rosa de Sarón y el lirio de los valles.

HOMBRE: Como azucena entre las espinas, así es mi amiga entre las vírgenes.

MUJER: Como el manzano entre los árboles silvestres, así es mi amado entre los hijos de los hombres. A la sombra me senté del que tanto había anhelado, y al hacerlo encontré su fruto dulce al paladar.

Me llevó a la cámara donde guarda el vino más delicioso, donde su bandera fue de amor. ¡Que me conforten siempre con vino y con rosadas manzanas, porque estoy enferma de amor! Que el brazo izquierdo de mi esposo esté bajo mi cabeza y que con el derecho me abrace...

HOMBRE: Por las corzas y las gacelas del campo yo os conjuro, ¡oh hijas de Jerusalén!, que no despertéis ni hagáis velar a mi amada, hasta que ella quiera.

MUJER: ¡La voz de mi amado! He aquí que lo siento venir saltando sobre los montes y brincando por los collados.

Mi amado es semejante al gamo y al cervatillo. Miradlo aquí detrás de nuestra pared, observando por las ventanas, atisbando por las celosías.

Mi amado habló y me dijo: "Levántate de prisa, amor mío, hermosa mía... Levántate y ven al campo, porque ya ha pasado el invierno y la lluvia se marchó..."

HOMBRE: Las flores han aparecido sobre la tierra: el tiempo de la poda es venido y el arrullo de la tórtola empieza a escucharse en la comarca. La higuera ya muestra sus higos, y las viñas en cierne despiden un intenso aroma.

¡Levántate amor mío, hermosa mía... y ven!

¡Oh casta paloma mía!, que estás en los huecos de las peñas, en las concavidades de las murallas, muéstrame tu rostro, hazme oír tu voz, porque tu voz es dulce y armoniosa, y tu presencia es placentera.

CORO: Vosotros, ¡oh, amigos míos!, ayudadnos a cazar esas raposillas que están asolando las viñas, porque nuestra viña ya se encuentra en flor.

Oh, amor mío! Con una yegua de los carros del Faraón te he comparado, amiga mía. Dado que son tan hermosas tus mejillas entre los pendientes, y tu cuello bajo los collares de perlas...

MUJER: Mi amado es mío y yo soy toda de mi amado; y él apacienta su rebaño entre azucenas. Allí andará hasta que el día despunte y huyan las sombras...

—Vuélvete pronto, ¡oh amado mío! Actúa como el gamo y el cervatillo que se crían en las montañas de Beter; o muévete como la gacela en el oasis de Gardar...

LA INQUIETUD DE LA ESPOSA

MUJER: En la noche busqué en mi lecho al que ama mi alma. Lo busqué afanosamente y no lo hallé.

Me levanté para ir a deambular por la ciudad, correr por las calles y por las plazas en busca del que ama mi alma. Porque fui a su encuentro, ¡ay!, y no lo hallé.

Los guardas que rondan por la ciudad me encontraron y les pregunté:

—¿Habéis visto al que ama mi alma?

Un poco más allá, ¡oh ventura!, encontré al que ama mi alma, y lo así del brazo y lo conduje a casa de mi madre, y luego a la cámara nupcial. ¡Sin querer soltarlo!

HOMBRE: Yo os conjuro, ¡oh, doncellas de Jerusalén!, os conjuro por las corzas, las gacelas y los cervatillos del campo, a que no despertéis ni hagáis velar al amor, hasta que quiera.

CORO: ¿Quién es ésta que sube del desierto como columnita de humo, sahumando de mirra y de incienso, y con cien polvos aromáticos?

He aquí la litera de Salomón; sesenta valientes de Israel le rodean, con alfanjes, todos ellos diestros en la guerra y los más esforzados de Israel. Se cuidan de guardar al Rey contra los peligros de la noche.

El Rey Salomón mandó hacer una carroza con maderas de los cedros del Líbano; las columnas son de plata, su respaldo de oro, su techo y gradas los cubrió de púrpura, y su interior lo enlosó con un esmalte que provoca el amor.

Salid, ¡oh, hijas de Sión!, y mirad al Rey Salomón, con la corona que le coronó su madre el día de sus desposorios, aquel día que quedé colmado de gozo jubiloso su corazón.

EL MARIDO FESTEJA LA HERMOSURA DE LA ESPOSA

HOMBRE: Tú eres hermosa, ¡oh, amor mío! Eres hermosa: tus ojos y tu interior son de paloma; tus cabellos dorados y finos como rebaños de cabritas que triscan en las montañas de Galaad. Tus dientes blancos y bien unidos como majadas de ovejas esquiladas y recién lavadas, que suben del abrevadero y todas ellas paren mellizas y estéril no hay una sola.

Tus labios, hilos de grana, y suave tu voz; tu hablar es hermoso; igual que roja corteza de granada son tus mejillas; tus sienes son pedacitos de fruta entre tus míos. Tu cuello es recto y airoso como la torre de David, edificada para encantamientos y de donde cuelgan mil escudos áureos y arneses de todos los valientes.

Tus dos senos como dos gamitos mellizos que triscan entre las blancas azucenas, y que no se detendrán hasta el declinar del día y aparecer las sombras.

Iré a buscarte al monte de la mirra y al collado del incienso. Toda eres hermosa, ¡oh, amor mío!, y tu cuerpo es sin manchas. Ven del Líbano, ¡oh, esposa mía!, y serás coronada. Llegaremos a la cima del monte Amana, a las cumbres del Sanir y del Hermón, donde tienen su guarida los leones y los leopardos.

Me has herido en el corazón, ¡oh hermana mía!, esposa amada, con tu mirada, con una trenza de tu cuello.

¡Cuán hermoso son tus amores!, ¡oh esposa mía! ¡Más agradables son que el vino exquisito!

Y la fragancia de tus bálsamos más olorosos que todas las especias aromáticas. Miel de panales destilan tus labios, ¡oh, esposa mía; miel y leche hay debajo de tu lengua, y el perfume de tus vestidos es deleitoso como el de las maderas del Líbano!

Tú eres un huerto cerrado, ¡oh hermana, esposa mía! Fuente cerrada y sellada. Tus brazos forman un vergel delicioso de granados, con frutos dulces como de manzanos: son ciprios con nardos.

Azafrán y nardo, caña aromática y canela; árboles del incienso, mirras y áloes, todas las especias perfumadas son débiles fragancias comparadas con el perfume de tu cuerpo.

Fuente cristalina, corriente de agua viva que baja impetuosa del monte del Líbano, es tu cuerpo, fresco y suave.

MUJER: ¡Levántate, aquilón; ven tú, ¡oh viento austro!, a soplar sobre mi huerto y caigan las especias, y venga mi amado a su huerto y goce de sus dulces frutos!...

TIBIEZA Y ARREPENTIMIENTO

HOMBRE: Yo vine a mi huerto, ¡oh, hermana!, esposa mía y comí del manzano. Recogí las mirras y las especias; comí la miel de mi panal; bebí mi vino y mi leche. ¡Todos, amigos, comed ahora conmigo, bebed y embriagaos!

MUJER: Yo dormía y mi corazón velaba. Y oí la voz de mi amado que llamaba en la puerta, diciendo: "Ábreme, amada mía, paloma mía, amiga mía, mi inmaculada, porque mi cabeza está llena de rocío y de mis cabellos caen las gotas del relente de la noche. Como el ciervo brama de ansiedad por la corriente del agua, así mi alma suspira por ti."

Y yo le respondí: Heme desnudado de mi ropa; ¿cómo lo vestiré? He lavado mis pies, ¿cómo los ensuciaré?

Mi amada metió la mano a través de la ventanilla de la puerta y mis entrañas se estremecieron.

Me levanté para alzar la aldaba de la puerta a mi amado, y mis manos gotearon mirra, y de mis dedos caía una mirra selectísima.

Abrí y él ya se había marchado. Y mi alma había quedado desmayada con el eco de su voz. Le busqué. Corrí tras de sus pasos, llamándole a voces con ansiedad. Y no me respondió...

Me encontraron los guardianes que rondan la ciudad, y me hirieron y lastimaron. Y me arrebataron el manto con que me cubría.

Yo os conjuro, ¡oh, doncellas de Jerusalén, que si halláseis a mi amado, le hagáis saber que de amor estoy enferma!

CORO: ¿Qué tiene tu amado más que otro amado? ¡Oh, tú, la más bella entre todas las mujeres!... ¿Qué es tu amado más que los otros amantes, para que así nos hayas conjurado para que le busquemos?

MUJER: Mi amado es blanco y rubio y se destaca entre diez mil jóvenes. Su cabeza es como oro finísimo, sus cabellos largos, crespos y negros, como renuevos de plumas. Sus ojos son los de las palomas que se ven arrullando junto a las aguas de los ríos, blancas como si se hubieran lavado con leche. Sus mejillas como dos eras de plantas aromáticas, trabajadas por hábiles perfumeros; sus labios, lirios rosados que destilan mirra purísima... Sus manos como anillos de oro engastados de jacintos; su vientre como un marfil adornado con zafiros. Sus piernas, columnas de mármol asentadas en base de oro fino. Su porte como el cedro del Líbano.

Azafrán y nardo, caña aromática y canela; árboles del incienso, mirras y áloes, todas las especias perfumadas son débiles fragancias comparadas con el perfume de tu cuerpo...

Su voz, dulzura y todo él deseo. Tal es mi amado, tal es mi amigo, ¡oh, doncellas de Jerusalén!

DE NUEVO EL ESPOSO CELEBRA A SU ESPOSA

CORO: ¿Adónde ha ido tu amado, oh, la más hermosa de todas las mujeres? ¿Por dónde se alejó tu amado?... Contigo hemos de buscarlo.

MUJER: Mi amado descendió a su huerto, a las eras de las plantas aromáticas, para recrearse en los vergeles y coger azucenas. Yo soy toda de mi amado, y mi amado es todo mío, el cual se recrea entre lirios.

HOMBRE: Hermosa eres tú, ¡oh, amor mío!, y llena de dulzura, bella como Jerusalén, terrible y majestuosa como un ejército en orden de combate.

—Aparta tus ojos de mí, porque ellos me han obligado a perderme, me subyugan. Es tu cabellera un rebaño de cabritos que triscan en las praderas de Galaad. Tus dientes blancos y unidos, dos, como rebaño de ovejas que suben del abrevadero, que todas parecen mellizas y estéril no hay entre ellas.

Como pedacitos de granada son tus mejillas, sin lo que tienes encubierto. Sesenta mil son las reinas, ochenta las concubinas e innumerables las doncellas. Pero una sola es la paloma mía, la perfecta mía, la esposa, la hija única de su madre, la escogida de la que dio a luz.

Las doncellas de mi palacio la alabaron dichosas al verla; y las hijas de Jerusalén la llamaron bienaventurada.

CORO: ¿Quién es ésta, dijeron, que se muestra como el alba, como la luna, hermosa, fulgente como el sol, temible y majestuosa como banderas de ejércitos en el momento de iniciarse la batalla?

MUJER: Al huerto de los nogales descendí para ver los frutales del valle, para contemplar el brote de las viñas y si florecían los granados... No me di cuenta de nada: mi alma se inquietó al creer que estaba oyendo los carros de Aminadab.

CORO: ¡Vuelve, vuelve Sulamita! Vuelve, que ansiamos mirarte.

¿Qué veréis en la Sulamita sino coros de música en medio de batallones armados?

HOMBRE: ¡Oh hermosa princesa, con que gracia andan tus pies en tan rico calzado! Las curvas de tus muslos son como goznes o charnelas, labrados por las manos de un excelente artista. Tu ombligo, como una taza redonda, nunca anda falto de sabrosas bebidas. Tu vientre, montoncito de trigo cercado de lirios. Tus dos pechos son como dos cabritos mellizos. Es tu cuello terso y blanco como torre de marfil. Tus ojos son como los cristalinos estanques de Hesebón, junto a la puerta de Bat-rabbim. Tu nariz aparece tan bien formada como la torre del Líbano que mira hacia Damasco.

Elevada y majestuosa es tu cabeza como el Carmelo; y la cabellera de ella, esplendorosa como la púrpura del Rey. ¡Qué hermosa eres y cuán suave eres, oh, amor delicioso! Tu talle es semejante a la esbeltez de la palma y tus senos espléndidos racimos. Yo dije:

Subiré a la palmera y asiré sus frutos, y serán para mí tus pechos como racimos de uvas; y el aroma de tu boca como fragancia de manzana.

MUJER: La voz de tu garganta así deleita como el buen vino, dado a mi amado para que lo beba, y se saboreé en él conservándole entre sus dientes y labios.

Yo me siento dichosa porque soy toda de mi amado, y su corazón está siempre inclinado a mi.

¡Ven, oh amado mío!; salgamos al campo, moremos en las aldeas. Levantémonos de mañana para visitar las viñas y ver si han florecido los granados. Y allí te ofrendaré mis amores...

Las mandrágoras han soltado su olor, y en nuestro huerto hay toda suerte de dulces frutas, nuevas y añejas, todas las he guardado para ti, ¡oh amado mío!

EL PODER DEL AMOR

MUJER: ¡Oh quién me dijera, hermano mío, que tú eres como un niño que está mamando en los pechos de mi madre, para poder besarte, aunque te encuentres fuera en la calle, con lo que nadie me despreciaría! Que yo pudiera llevarte a la casa de mi madre. ¡Para que me enseñases el amor y me hicieses ver tus artes; y yo te haría beber vino añejo del mosto de mis granadas!

Pero he aquí a mi esposo, que pondrá bajo mi cabeza su brazo izquierdo y con el derecho me abrazará.

Yo os conjuro, ¡oh, doncellas de Jerusalén!, que no despertéis a mi amado hasta que él quiera.

CORO: ¿Quién es ésta que sube del desierto rebosando alegría, apoyada en su amado?

HOMBRE: Debajo de un manzano donde yacías te levanté, ¡oh esposa mía!, donde fue desflorada tu madre, donde fue violada aquella que te dio a luz y te comunicó la muerte del pecado...

MUJER: Ponme como un sello sobre tu corazón, como un signo sobre tu brazo, porque es fuerte el amor como la muerte; el celo, implacables como el infierno de los celos; sus brasas, brasas de fuego, y un volcán de llamas...

No hay aguas que puedan apagar el amor, ni los ríos lo ahogarán. Si diera el hombre toda la hacienda de su casa por este amor, consideraría que no ha entregado nada.

EPÍLOGO

CORO: Nuestra hermana es demasiado joven, aún no tiene pechos. ¿Qué haremos con ella el día que vayamos a desposarla?

Mi viña, que es mía, está delante de ti; las uvas serán tuyas, ¡oh, Salomón!, y todos los demás frutos que te guardo.

MUJER: ¡Oh, tú que moras en los huertos, los compañeros escuchan tu voz: házmela oír!...

¡Huye, amado mío, a la montaña de los aromas, como el gamo y el cervatillo! Y desde allá, hazme oír tu voz... ¡Mi corazón la espera porque sólo con su dueño he podido hallar la paz y la felicidad!

HOMBRE: Salomón tenía una viña en Baal Hamón, pero se la entregó a los guardianes; cualquiera pagaría por su fruto mil siclos de plata.

Pero esta viña es mi propiedad; los mil siclos para ti, Salomón, y doscientos para los guardianes de su fruto.

Moradora de jardines, los amigos oyen tu voz; déjame escucharte.

BIBLIOGRAFÍA

ASIMOV, ISAAC: *La tierra de Canaán.*

BEAMPÉRE, RENÉ: *Danos un rey.*

BOSCH, JUAN: *David.*

BUIS, PIERRE: *El libro de los Reyes.*

ELLIS, PETER F.: *Libro de los Reyes.*

HERMANN, SIEGFRIED: *Historia de Israel - En la época del Antiguo Testamento.*

JACQ, CHRISTIAN: *El Templo del Rey Salomón.*

KELLER, WERNER: *Y la Biblia tenía razón.*

LEÓN, FRAY LUIS DE: *Cantar de los Cantares - La perfecta casada.*

MALY, EUGENE H.: *El mundo de David y Salomón.*

MASSIE, ALÍAN: David - *El elegido de Dios.*

MELIDA, JOSÉ RAMÓN: *Salomón.*

NOTH, MARTIN: *El mundo del Nuevo Testamento.*

PELLETIER, ANNE MARIE: *El Cantar de los Cantares.*

RAPPE, CLAUDE: *Las mujeres del Rey Salomón.*

Biblia (A.T. Reyes).

La Santa Biblia.

El Corán.

Enciclopedia de la Biblia (Editorial Verbo Divino).

Cantar de los Cantares (Traducción de Emilia Fernández Tejero).

El Cantar de los Cantares (Editorial Distal).

Consejos de la sabiduría de Salomón (Libro de Máximas - Editorial Humanitas).

Descubrir la Biblia (Tomo III) - (Comic editado por Plaza & Janés).

ÍNDICE